AF452150

MÉMOIRES

D'HISTOIRE ET DE GÉOGRAPHIE ORIENTALES.

MÉMOIRES

D'HISTOIRE ET DE GÉOGRAPHIE ORIENTALES

PAR

M. J. DE GOEJE.

N°. 3.

LIBRAIRIE ET IMPRIMERIE
ci-devant
E. J. BRILL
LEIDE. — 1903.

MÉMOIRE

SUR

LES MIGRATIONS DES TSIGANES À TRAVERS L'ASIE

PAR

M. J. DE GOEJE.

LIBRAIRIE ET IMPRIMERIE
ci-devant
E. J. BRILL
LEIDE. — 1903.

PRÉFACE.

Dans la séance du 11 Janvier 1875 de l'Académie royale
des sciences d'Amsterdam, je donnai lecture d'un essai sur
la migration des Tsiganes, qui parut dans les »Verslagen
en Mededeelingen" de l'Académie, 2e série, tome 5 (1875)
sous le titre »Bijdrage tot de geschiedenis der Zigeuners".
Je tâchai d'y démontrer, d'après des sources orientales, que
les Tsiganes, appelés Zott par les Arabes, étaient issus de
l'Inde occidentale et appartenaient pour la plus grande
partie à la tribu des Djat qui occupe les pays situés sur
l'Indus dans le voisinage de Moultân. Des colonies de ces
gens avaient été établies en Babylonie et ailleurs au temps
des Sassanides et leur exemple avait été suivi par les Arabes, qui, sous la dynastie des Omayades, transportèrent un
grand nombre de familles avec leurs troupeaux aux régions
du Bas-Tigre. Ces colons se multiplièrent au point que,
au temps du khalife abbaside al-Mamoun, ils osèrent organiser une résistance ouverte contre le gouvernement qu'al-
Motacim, le successeur d'al-Mamoun, ne réussit à dompter
qu'au prix de grands efforts. Les Zott se soumirent à
condition d'avoir vie et bagues sauves et furent conduits
à Bagdad, pour être ensuite transportés à diverses places
frontières du côté de l'empire byzantin. Nous savons que

les Zott établis à Aïnzarba furent emmenés en pays byzantin par les Grecs, dans une de leurs razzias; il semble probable qu'une grande partie des autres est entrée aussi en Asie Mineure, soit par force, soit volontairement. C'est de ces Zott que les Tsiganes européens dérivent leur origine. Je tâchai de corroborer ces résultats par un examen superficiel de la langue des Tsiganes qui, dans ses éléments persans, arabes et grecs, semblait refléter les diverses étapes du passage de ces gens par l'Asie en Europe.

Mon mémoire fut reçu d'abord avec grande bienveillance. Il eut l'honneur d'être discuté dans l'Academy, dans la Revue Critique et dans le Litterarisch Centralblatt. Je ne citerai que l'article du dernier journal du 2 Octobre 1875, de la main de A. von Gutschmidt — paru plus tard dans ses »Kleine Schriften" 3 (1892), p. 612—615 — qui me causa une grande satisfaction. M.M. Burton et Bataillard me firent observer, très amicalement du reste, que j'avais oublié de dire qu'ils avaient déjà reconnu l'identité des Zott avec les Djat. J'avais bien dit dans mon Mémoire, p. 16 et 19, que l'identité des Zott ou Djat et des Tsiganes avait été entrevue par Elliot et par Pott, mais je ne savais pas que Burton avait eu la même idée. Quant à M. Bataillard, je me sentais coupable. La vérité est que cet aimable savant avait rattaché cette idée à son hypothèse générale d'après laquelle les ancêtres des Tsiganes se seraient trouvés en Asie Mineure et en Europe orientale déjà au temps d'Homère, et que, par là, elle avait échappé à mon attention. Je regrette bien de ne pas avoir réparé ma faute en 1886, lorsque M. Mac Ritchie publia dans ses »The Gypsies of India" une traduction anglaise de mon mémoire revisée par moi-même. C'est à juste titre que M. Bataillard s'en plaignit dans une note du Journal of Gypsy Lore, I, p. 191.

Mais en 1876 Miklosich, dans la VIe livraison de ses »Mundarten und Wanderungen der Zigeuner", tâcha de démontrer que j'avais fait erreur lorsque je croyais avoir trouvé dans la langue des Tsiganes des traces d'un séjour prolongé dans un pays arabe. Les mots tsiganes que j'avais signalés comme arabes ne l'étaient pas, selon lui, ou n'appartenaient pas réellement à la langue tsigane. Comme le savant auteur avait découvert lui-même un assez grand nombre de mots arméniens dans cette langue, sa conclusion était que les Tsiganes de l'empire byzantin, dont ceux de l'Europe descendent, étaient entrés dans l'Asie Mineure, non pas par un pays arabe, mais par l'Arménie. Quelques années plus tard, M. Pischel, dans un excellent article du »Deutsche Rundschau" (IX, 12, p. 353 et suiv.) fit valoir contre ma thèse cet argument que la langue actuelle des Djat diffère essentiellement du tsigane et que, par conséquent, les Djat ou Zott ne peuvent être les ancêtres des Tsiganes.

Quoique, pour la plupart des mots traités, je dusse reconnaître le bien fondé de la critique de Miklosich, il restait au moins un mot tsigane dont l'origine arabe ne pouvait être nié. Je n'avais pu qu'examiner superficiellement le dictionnaire tsigane, et je me disais que peut-être un examen plus attentif en augmenterait le nombre. L'article de M. Pischel semblait prouver, sinon que ma thèse dans son ensemble était devenue insoutenable, du moins qu'elle recélait une grande faute ou bien était incomplète.

Mais j'étais trop occupé alors pour reprendre la question. Ce n'est qu'aujourd'hui que j'ai pu le faire, et ce retard forcé n'a pas été sans avantage, car j'ai eu le bonheur de découvrir quelques renseignements importants, notamment le passage de Masoudi sur l'émigration des Sindiens, qui me semblent pouvoir contribuer beaucoup à la solution du problème.

Je ne puis terminer cet avant-propos sans un mot de reconnaissance à M. Mac Ritchie qui m'a rendu de véritables services, et à M. Salverda de Grave qui, comme auparavant, a eu la bonté de corriger mon style.

Le poète Firdawsi raconte [1]) que le roi persan Bahrâm
Djour vers la fin de son règne (420—438 de notre ère),
comme les Mobeds s'étaient plaints à lui que les pauvres
n'eussent point de musique, pria le roi de l'Inde de l'aider
à y pourvoir. »O roi secourable! écrivit-il, choisis dix mille
Louris, hommes et femmes, experts à jouer du luth".

»Lorsque les Louris arrivèrent, le roi ordonna de les
admettre auprès de lui; il donna à chacun un bœuf et un
âne, car il voulut faire d'eux des agriculteurs; il leur fit
livrer par ses percepteurs mille charges d'âne de blé, car
ils devaient cultiver la terre avec leurs bœufs et leurs ânes,
employer le blé pour les semences et produire des récoltes,
faire de la musique pour les pauvres et leur rendre gra-
tuitement ce service. Les Louris partirent, mangèrent les
bœufs et le blé, puis ils se présentèrent au bout d'un an,
les joues jaunies. Le roi leur dit: »Vous n'auriez pas dû
»dissiper les semences, le blé en herbe et la récolte. Main-
»tenant vos ânes vous restent, chargez-les de vos bagages,
»préparez vos instruments de musique et mettez-y des cordes

---

1) Trad. de Mohl VI, 60 et suiv. Firdawsi mourut environ 1024.

»de soie". Encore aujourd'hui les Louris, selon ces paroles justes du roi, errent dans le monde, cherchant leur vie, compagnons de gîte et de route des chiens et des loups et toujours sur les chemins pour voler jour et nuit".

L'historien Hamza, qui connaissait fort bien l'histoire des Sassanides et qui écrivit un demi-siècle avant Firdawsi, raconte de même [1]) que Bahrâm Djour, ayant décidé que ses sujets ne travailleraient que la moitié de la journée et passeraient le reste du temps à manger et à boire ensemble au son de la musique, s'arrêta un jour devant une compagnie qui avait du vin sans musique [2]). Il dit: »Ne vous »ai-je pas ordonné de ne pas négliger la musique?" Ils se prosternèrent devant lui et dirent: »nous avons tâché »d'avoir un musicien, mais nous n'avons pu en trouver »un, pas même à raison de cent dirhems pour la soirée". Le monarque là-dessus écrivit au roi de l'Inde, le priant de lui envoyer des musiciens. Celui-ci lui en expédia 12,000 qu'il répartit sur les divers pays de son royaume, où ils se multiplièrent. Leurs descendants s'y trouvent encore, quoiqu'en petit nombre; ce sont les Zott".

Il n'y a aucune raison de mettre en doute l'authenticité de cette tradition, comp. Nöldeke, Geschichte der Sasaniden, p. 99 note et p. 108 note. Nous allons y revenir, mais avant tout il est nécessaire de voir ce que les lexicographes arabes nous apprennent sur les Zott.

Le *Lisân al-arab* a: »Az-Zott peuplade noire des Sind, à laquelle les étoffes (*ou* vêtements) zottîya ont emprunté

---

1) P. 54.

2) Boire du vin sans qu'on fasse de la musique est honteux en Orient, v. l'*Aghâni* XVII, 124, l. 8 a f.

leur nom. On dit que Zott est la forme arabisée de Djatt, nom d'une peuplade indienne. — Une tradition contient les mots: »Il rasa sa tête à la zottienne (zottîya)", c'est-à-dire, dit-on, en forme de croix, comme si c'était là la coutume des Zott. Ceux-ci sont une espèce de nègres et de hindous. Le nom singulier est Zottî, comme celui de Zandj (Nègres) est Zandjî, de Roum (Romains) Roumî. Voici quelques citations de poètes:

Nous venions avec les deux tribus de Wâïl et leur
[multitude,
Les Tamîm venaient, leurs Zott et les Asâwir [1]).

et ʿArham ibn Abdallah dit:

Les Zott tiennent lieu de nous pour les Abdalqaïs; les Asâwir nous aident contre les Mazoun (les Azd de l'Oman).

Khâlid ibn Abdallah ayant donné une esclave des prisonnières de l'Inde au poète Abou 'n-Nadjm, celui-ci récita un poème du mètre *redjez*, commençant par les mots:

Je suis épris d'une belle femme des filles des Zott.

On dit aussi que les Zott sont les mêmes que les Sabâbidja, hommes du Sind qui vivent à Basra [2])".

Le *Tâdj al-ʿaroûs* contient quelques détails de plus: »Az-Zott, avec un *o*, nom d'une peuplade, comme on lit dans le *Çihâh* (de Djawharî), et dont il a été fait mention chez Bokhâri [3]) dans la description de Moïse: »[Et quant à Moïse,

---

1) Voyez ci-après. Au lieu de ʿArham, l'édition du *Lisân* a ʿAuham; v. Add. et Em. ad Tabari II, 456, l. 13.
2) Je parlerai de ces Sabâbidja ou plutôt Sayâbidja dans l'Appendice.
3) II, 368 l. 10 de l'édition de Krehl; comp. le comm. de Qastalâni V, 462.

il était d'une complexion brune foncée, long, de belle taille]
comme s'il était un homme des Zott". On n'est pas d'accord]
sur leur compte; quelques-uns disent: »Ce sont les mêmes
que les Sayâbidja, hommes sindiens à Basra"; le qâdhi
ʿIyâdh dit: »c'est une espèce de nègres, de haute stature",
ce qu'on lit aussi dans le *Tawshîh* de Djalâl-addîn qui ajoute
»et maigres". Al-Azhari, d'après al-Laïth, dit que c'est une
peuplade de l'Inde qui a donné son nom aux étoffes (vêtements) dites *zottîya*, et il ajoute que leur nom est arabisé
de l'indien Djatt avec un *a*, ce qui, au dire de Çaghâni, ne
se trouve pas dans le livre de Laïth. Le nom indien est
en réalité Djatt; il se trouve sous cette forme dans un
exemplaire d'al-Azhari corrigé par lui-même. Au fond, le
nom arabisé devrait se prononcer également avec un *a*.
Selon le *Çihâh* le singulier est Zottî, comme le singulier
de Roum est Roumi, de Zandj Zandji. Ibn Doraïd dit: »Az-
Zott est le nom de cette peuplade connue, mais leur nom
n'est pas arabe quoique les Arabes l'emploient comme dans
ce vers:

Nous venions avec les deux tribus de Wâïl et leur
[multitude.
Les Tamîm venaient, leurs Zott et les Asâwir.

et dans le vers d'Abou 'n-Nadjm [poète du temps des
Omayades]:

Une belle femme des filles des Zott, aux appas [1])
[délicieux.

---

1) Il faut lire جِهَاز au lieu de جِهَان, v. l'*Aghâni* IX, 79, l. 9 a f. Nous
y lisons que cette esclave portait le costume de son pays »les deux *foutâ*",
c'est-à-dire ce que aux Indes néerlandaises on appelle »sarong en kabaai".

Je dis: Khâlid ibn Abdallah [al-Qasri, gouverneur de l'Irâq]
avait donné à Abou 'n-Nadjm une esclave d'entre les prisonnières de l'Inde, et celui-ci composa sur elle un poème
du mètre *redjez* dont le premier vers est:

Je suis épris d'une belle femme des filles des Zott.

On dit: »il a rasé sa tête à la zottienne'', c'est-à-dire en
forme de croix, comme font les Zott, d'après ce qu'on lit
dans certaine tradition''.

Il n'est point du tout invraisembable que la prononciation de Zat pour Djat doive être attribué, non pas aux
Arabes, mais aux Sindiens. Djâhiz dit dans son *Bayân*, I,
p. 32: »Le Sindien adulte venu en pays arabe ne peut
prononcer la lettre *dj* que comme *z* et n'apprend pas la
bonne prononciation, quand même il vit pendant cinquante
ans parmi les Tamîm, les Qaïs et les Hawâzin''. De ce Zat
les Arabes auront fait Zott, parce que cette forme est arabe,
pluriel de *azatt* qui signifie *imberbe* ou *ayant peu de barbe*.

Le dictionnaire moderne *al-Mohît* contient ceci: »Az-
Zott, nom d'une peuplade de l'Inde, est une prononciation
arabe de Djatt. Les étoffes dites az-zottîya ont été nom-
mées d'après elle. Un individu s'appelle Zottî. A Damas
(as-Shâm) on les appelle an-Nawar, et quelques-uns leur
donnent le nom de Motribîya (musiciens), puisque leur
métier est de faire de la musique avec des tambourins et
des flûtes, et de danser. On emploie leur nom aussi pour
insulter, disant à quelqu'un »o Zotti!'' ou de quelqu'un
»c'est un Zotti'', c'est-à-dire vil, commun'' [1]).

---

1) Comp. Mac Ritchie, The Gypsies of India, 61.

Et i. v. Nawar: »Les Nawar sont des Indiens du bas peuple qui ne cessent de se transporter d'un lieu à un autre et de parcourir le pays. On en trouve en Asie, en Europe, en Afrique et en Amérique. Ils ont un langage particulier et, pour vivre, le plus souvent ils volent, mendient, prédisent l'avenir, ou fabriquent des tamis, des cribles etc. Il n'est pas improbable qu'ils aient été nommés Nawar parce qu'ils adoraient le feu (*an-nár*) ou la lumière (*an-nour*). Un individu s'appelle Nourî".

Selon M. Wetzstein [1]), les Nawar de Syrie qui s'occupent de la fabrication de tamis et de cribles ont conservé leur langue indienne, qu'on y appelle »langue de moineau", tandis que les musiciens et les danseurs parlent ordinairement un dialecte turc.

Un exemple de l'emploi de Zottî (fém. Zottîya) comme insulte a été donné par M. Landberg, *Proverbes et Dictons*, I, 100, qui ajoute dans son commentaire: »Zott est le nom donné aux Bohémiens en Syrie et en Palestine. Wetzstein, *Markt*, p. 482. On les appelle aussi Nawar ou Motribin, parce que leur métier est d'égayer le peuple par leur musique et leur danse. Une Zottîya, aussi légère que belle, est devenue synonyme de *bâdiᶜa*, ou *qahba* (grue), comme Zottî l'est de *mamhoun* (cynède); voir Fleischer, Beiträge, I, p. 112. *Zott* vient du persan *Djat* [d'où aussi *Gitano*]. Fleischer Z. D. M. G., III, p. 326".

La collection de proverbes arabes de Maïdâni, faite vers l'an 1100 de notre ère, contient les proverbes [2]): »N'enseignez

---

1) Z. D. Pal. Verein XIV, 1.
2) Freytag, Prov. II, 580, n. 609.

pas au commissaire de police de faire des recherches, ni au Zotti de voler", et [1]): »Plus grand menteur que le prisonnier des Sind". L'auteur remarque à propos du premier que les Zott sont des gens vils, à propos du second que chaque Sindi de basse extraction se donne pour un fils de roi. On trouve le second proverbe aussi dans »Le livre des beautés et des antithèses" attribué à Djâhiz, édition van Vloten, p. 45 l. 16 et suiv., et chez Baihaqi, édition Schwally, p. 423 l. 9.

L'auteur du livre *Mafâtîh al-ᶜoloum*, écrit vers 1000, nomme parmi les castes indiennes, p. 123 de l'édition van Vloten: »les Zott qui sont les gardiens des chemins. C'est, à proprement parler, une peuplade sindienne, appelée Djattân".

Le dictionnaire persan-latin de Vullers nous apprend: »Djat nomen tribus segregatae infimae sortis et deserta habitantis in Hindûstân. *B*", et sous Lourî: »3) cantor, musicus et qui in plateis mendicat. *B*; 4) nom. gentis cujusdam, alias Kâwolî (*F* Qaratshî) dictae. *B. F*"'.

Dans le traité sur les vagabonds, les joueurs de tours de passe-passe etc. écrit par Djawbari environ 1235 sous le titre »Secrets dévoilés", et auquel j'ai consacré une notice détaillée dans le 20ᶜ volume de la Zeitschrift D. Morg. Gesellsch., les Tsiganes sont désignés par le nom de Zott.

Encore aujourd'hui les Tsiganes de l'Oman portent le nom de Zottî, pl. Zotout; v. le Journal Royal Asiat. Soc. XXI (1889), p. 840.

Voici ce que nous lisons dans le dictionnaire français-arabe de Bocthor: *Bohémien*, enne, s., Arabe vagabond,

---

1) Freytag, II, 381, n. 211.

Tchinghianè, qui dit la bonne aventure, vole etc., Ghadjary,
pl. Ghadjar (Egypte); — Noury, pl. Nawar (Kasraouan);
— Qorbâty, pl. Qorbât (Alep); — Zotty, pl. Zott (Damas);
— Dharrâb fâl [diseur de bonne aventure].

Belot, Dict. français-arabe, i. v. Bohémien, est le seul
qui appelle un individu des Nawar: Nawarî. Il semble avoir
suivi l'analogie, non pas l'usage. Seetzen, lui aussi (Reisen,
II, p. 183), dit que les Tsiganes syriens portent le nom
d'el-Náwar et qu'un individu est appelé »el-Núrî".

Redhouse, dans son Dict. turc-anglais, dit ceci: »Zutt
(n. u. Zutty). The people who formerly inhabited the marshes
between Wasit and Basra; also the Jats of India" et note
aussi les noms de Tsinghyânè (جنكانه), que les Tsiganes
portent en Turquie, et de Ghadjar, qu'ils ont en Égypte.

Voilà pour le moment assez de témoignages. Nous re-
viendrons dans la suite sur quelques-uns de ces noms.

II. Les Djat et peuples voisins du Sind.

Il résulte de ce qui précède que le nom de Zott est la
forme que prend, chez les Arabes, le mot Djat et que ceux
qui le portent sont originaires de l'Inde. Voyons maintenant ce que les géographes et les historiens arabes nous
apprennent sur les Djat et autres tribus sindiennes [1]).

Ibn Khordâdbeh [2]) dit seulement que le chemin qui du
Mokrân mène à al-Mançoura, la capitale du Sind, passe
par les pays des Zott et que ceux-ci ont la garde de la

---

1) J'emploie le mot „sindien" dans le sens général de tout ce qui concerne
l'Inde occidentale.

2) P. 56 du texte.

route. C'est là ce qui a suggéré à l'auteur du *Mafâtih al-
'oloum* le renseignement singulier que les Zott sont une
caste des Indiens, chargée de garder les chemins [1]).

Istakhri p. 35: »le Sind, c'est al-Mançoura et les pays
des Zott et ce qui y est contigu jusqu'à al-Moltân"; Ibn
Hauqal p. 40 »le Sind, c'est al-Mançoura et les pays des Zott
qu'on appelle al-Bodha [2]), qui s'étendent jusqu'à al-Moltân".

Istakhri p. 180 et Ibn Hauqal p. 235: »Entre al-Mançoura
et le Mokrân les eaux du Mihrân (l'Indus) ont formé des
marais comme ceux de l'Irâq (al-Batâih), dans lesquels se sont
établis des Sindiens nommés az-Zott. Ceux d'entre eux qui
vivent près de l'eau demeurent dans des cabanes (comme
celle des Berbères Ibn H.) et se nourissent principalement
de poissons et d'oiseaux aquatiques. Les Zott qui sont loin
des eaux, dans les plaines, vivent comme les Kurdes et se
nourrissent de lait, de fromage et de pain de maïs". Moqaddasi p. 484 dit à peu près la même chose.

Masoudi, *Moroudj* III, 254, *Tanbîh* p. 90 du texte, compte
les Djat parmi les peuples nomades du Kirmân.

Selon Ibn Hauqal les Bodha seraient une fraction des
Zott. Belâdhori p. 436 l. 2 mentionne »les Zott d'al-Bodha",
comme si al-Bodha était un nom de pays. Nous lisons chez
Istakhri p. 176 et Ibn Hauqal p. 231 [3]): Les infidèles qui
habitent les pays limitrophes du Sind sont les Bodha et
un peuple appelé Maïd [4]). Les premiers sont des tribus

---

1) Ci-dessus p. 7.

2) La prononciation de ce nom n'est pas absolument certaine; quelques mss.
ont Nodha et cette forme a été acceptée par Yaqout.

3) Yaqout IV, 772 et suiv. a ajouté quelques mots que j'ai mis entre parenthèses.

4) La prononciation de ce nom n'est pas non plus certaine; plusieurs mss.
ont Mand (Mend).

disséminées entre les frontières du Tourân (la province dont
Qoçdar est le chef lieu), le Mokrân, al-Moltân et le territoire d'al-Mançoura. Ils demeurent à l'ouest du Mihrân et
s'occupent de l'élevage des chameaux. Les étalons [à deux
bosses] recherchés au Khorâsân, en Perse etc. pour la pro-
duction [avec des chamelles arabes] des chameaux *bakhti*
(bactriens) de Balkh et des chamelles de Samarqand, pro-
viennent des Bodha. La ville où les Bodha viennent vendre
leurs produits et acheter ce dont ils ont besoin est Qan-
dabîl [1]). Ils sont comme des Bédouins, vivent dans des cabanes comme les Berbères et possèdent des jonchaies et des
marais où ils trouvent un asile et d'où ils tirent les moyens
de subsister. Les Maïd sont établis aux bords du Mihrân.
depuis les limites de Moltân jusqu'à la mer; ils possèdent.
dans les campagnes situés entre le Mihrân et Qâmohol.
beaucoup de prairies et de campements, tant d'été que d'hiver.
Ils sont très nombreux". Yaqout ajoute qu'ils diffèrent peu
des Zott. Mais que, à proprement parler, les Bodha appartiennent aux Zott, voilà qui est confirmé par le passage
suivant du *Modjmil at-tawârîkh* [2]). »Il y avait deux tribus
dans le pays du Sind, et une riviére nommée Péhen [3]). Une
de ces tribus s'appelait Maïd et l'autre Zat; l'une et l'autre
descendaient de Kham (fils de Noé). Maintenant encore,
dans la langue des Arabes, on appelle les Indiens Zat.

»On raconte que les Maïd subjuguèrent les Zat, et les

---

1) Non loin Est de Qoçdar; le nom actuel est Gandâva.

2) Reinaud, Fragments p. 25 et suiv. Le livre a été rédigé en persan d'après
un livre arabe en 1026 de notre ère.

3) Le ms. suivi par Reinaud a ici ـﭼﻪ (Béher). C'est sans doute un affluent
de l'Indus.

traitèrent avec beaucoup de dureté. Les Zat, obligés de quitter leur pays, se retirèrent sur les bords de la rivière Péhen, où ils établirent leur demeure. Ils connaissaient l'art de la navigation, et ils pénétrèrent par eau dans le territoire des Maïd. Ceux-ci élevaient des brebis. A la fin, les Zat incommodèrent beaucoup les Maïd; ils en tuèrent plusieurs et dévastèrent leurs terres; les Maïd furent à la merci des Zats".

Sur la proposition d'un chef des Zat, les deux partis s'accordèrent enfin pour demander au roi qu'il leur envoyât un prince pour régner sur le pays. Sous le gouvernement de ce prince le Sind se peupla et on y fondit des villes. On assigna aux Zat et aux Maïd des domaines spéciaux.

La tribu des Maïd qui était établie près de la mer, et qui portait le nom de Kork, exerçait la piraterie et infestait les environs des bouches de l'Indus. Lorsque Haddjâdj était gouverneur de l'Irâq, sous le règne d'Abdalmelik, le roi de l'île des Rubis (Ceylan), pour se concilier les bonnes grâces du gouverneur, lui envoya des femmes musulmanes qui avaient vu le jour dans l'île, et dont les pères, venus à Ceylan pour le commerce, étaient morts. Le navire sur lequel se trouvaient ces femmes fut attaqué et pris par ces pirates, que Belâdhori p. 435 nomme des Maïd du Daïbol, mais que le commentateur du poète Djarîr [1]) appelle les Kork. Cet événement, qui se passa vers 703, a été la cause de l'expédition de Mohammed ibn al-Qâsim et de la conquête de l'Inde.

---

1) F. 220 du ms. de Leide. Le passage a été publié par Reinaud, **Mém.** sur l'Inde, p. 181, n. 4, d'après un extrait que Dozy lui avait envoyé.

Les Kork faisaient même des expéditions lointaines. Sous le règne du khalife al-Mançour, en 768, ils pénétrèrent jusqu'à la mer Rouge et firent une descente à Djedda, le port de la Mecque [1]). A cette occasion ils emmenèrent dans leur pays des prisonniers arabes de l'île de Dahlak [2]), qui furent rachetés plus tard. L'apparition de leurs navires, appelés *bâri* (*bèri*) ou *bâridja* (*bèridja*), inspirait une telle crainte que chez quelques auteurs arabes, Berouni même [3]), le nom des vaisseaux a été pris pour le nom des pirates eux-mêmes [4]). Nous trouvons chez Tabari III, p. 1582 l. 12 et suiv. quelques détails sur l'équipage de ces vaisseaux, qui se composait de 45 personnes: le capitaine, trois lanceurs de naphte (feu grégeois), un charpentier, un cuisinier, et 39 rameurs et soldats. Il est bien curieux que les Tsiganes emploient encore de nos jours ce nom de navire: *bero* [5]). Elliot [6]) croyait que notre mot *barge* dérive de ce *bâridja*.

La fraction la plus septentrionale des Zott s'appelait les Qîqân, et était connue comme éleveurs de bons chevaux [7]). C'étaient de fameux archers, et les khalifes omayades en avaient un corps à leur service [8]). Mais il doit en avoir

---

1) Tabari III, 359, l. 14.

2) Tabari III, 135, l. 12.

3) Alberuni's India, trad. par Sachau, I, 208. Le passage avait été déjà publié par Reinaud, Fragm. 120.

4) V. mon Glossaire Bibl. Geogr. IV, p. 195 et comp. Diez, Denkwürdigkeiten von Asien, II, 159.

5) Pott, Zigeuner, II, 89, Miklosich, die Mundarten und die Wanderungen der Zigeuner, VII, 19, v. Sowa, Wörterbuch des Dialekts der deutschen Zigeuner, 10, 94.

6) Hist. of India, I, 539 et suiv. Comp. Mac Ritchie, The Gypsies of India, 71.

7) Belâdh. 432, 433, 445.

8) V. le Gloss. sur Tabari CDXLII.

demeuré aussi près de l'embouchure de l'Indus, car leur nom a reçu la signification de *pirates* [1]). C'est au khalife Motaçim que revient l'honneur d'avoir mis fin aux déprédations de ces corsaires qui n'avaient cessé d'infester les rivages de la Perse, de l'Oman et les environs de Basra [2]).

Il est bien curieux que nos géographes ne fassent aucune mention des buffles qui constituaient sans doute de leur temps, comme avant eux et de nos jours encore [3]), la richesse de ces peuples. Nous pouvons en conclure qu'un argumentum ex silentio n'a souvent pas la moindre valeur. Car on attribue même le développement extraordinaire que la musique a eu chez les Zott au fait qu'ils s'occupent de l'élevage de ces animaux, qui sont très sensibles à la musique [4]).

Il est très vraisemblable qu'anciennement déjà on trouvait, comme encore actuellement, parmi ces tribus de pâtres des troupes errantes vivant à la manière des Tsiganes et partageant le sort de ces tribus dont ils avaient même adopté le nom. Je veux donner ici un extrait d'une longue lettre au sujet des Zott que, dans le temps, j'ai reçu de feu le Dr. Sprenger, datée du 1ᵉʳ Novembre 1889:

»Pour moi, dans toute cette matière, il s'agit de la solution du problème anthropologique: »Une race humaine entière peut-elle changer son caractère, comme des individus

----

1) قُبَاقَة chez Payne Smith, 488, 8 (Fränkel dans la Wiener Zeitschr. VII, 84). V. le Gloss. sur Tab. et le passage de Djâhiz que j'y ai cité.

2) Masoudi, *Tanbîh*, p. 354, l. 4 et suiv. du texte. Il suit de ce passage que le texte d'Ibn al-Faqîh 53 l. 4 est corrompu et qu'il faut lire البوارج au lieu de الىبرو.

3) Comp Ritter, Erdk. VII, 173, 175. Berouni, India, 200 l. 12 a seulement جنس أصحاب المواشى, trad. de Sachau I, 401 „cattle-owners".

4) *Halbat al-komaït* 177 *infra*.

perdus?" J'incline à admettre certaines qualités fondamentales de race, au sens des paroles Qoraniques (30 vs. 29): »La nature sur laquelle Dieu a formé l'homme; on ne peut changer la création de Dieu'', et je crois que chaque race a possédé, dès sa naissance, des dispositions et des propensions particulières qu'elle conserve toujours sous une forme ou sous une autre. Le trait caractéristique des Tsiganes, c'est la légèreté, le manque d'estime de soi-même, le penchant à la gaieté. Il est bien remarquable que les traits par lesquels les Nègres se distinguent des Arabes sérieux, dont Doughty dit qu'il n'en a jamais vu aucun qui fût follement gai, sont la légèreté, la vivacité des émotions et l'étourderie [1]. Yaqoub al-Kindi, peut-être déjà Galène, attribuait ces qualités à l'organisation du cerveau des Nègres. On trouve des bandes de chanteurs ambulants, saltimbanques et vagabonds dans tous les pays mal gouvernés; elles se recrutent de la lie de la société, mais bien que les enfants des vagabonds deviennent aussi des vagabonds, elles dépérissent par le temps et sont absorbées par la partie saine de la société. On aura de la peine à trouver quelque part une corporation comme celle des Tsiganes qui a subsisté pendant des siècles, si ce n'est en Inde, où probablement ils ont encore des parents. A cause de cela, il me semble que ce qu'al-Kindi dit des Nègres s'applique également aux Tsiganes: ils sont autrement organisés que nous et aiment à vivre d'une manière qui nous serait insupportable à la

---

1) الْخِفّة وكثرة الطرب والطيبش. Sprenger traduit le second par „Vorwiegen von Fröhlichkeit (das Engl. *glee* drückt den Begriff besser aus)'', le troisième par „Heissblütigkeit''.

longue. Leur besoin de vagabonder, plus encore leur attachement à la tribu, qui subordonne la volonté de l'individu à l'intérêt de l'ensemble et qui rend superflu tout gouvernement, comme l'açabîya des Bédouins, sont des traits qui ne se trouvent que chez les peuples primitifs. La force du sang ne se manifeste chez aucun peuple plus clairement que chez les Tsiganes qui, comme on peut le prouver historiquement, ont gardé pendant plus de mille ans, au milieu des nations diverses de toutes les contrées du monde qu'ils ont parcourues, non pas seulement leur manière de vivre et leur nationalité, mais même leur langue. Leur répugnance à l'égard de l'individualisme et des occupations sédentaires et régulières est beaucoup plus forte que celle des Bédouins; car parmi ceux-ci il y en a beaucoup, comme nous le savons par Ibn Khaldoun et par notre expérience personelle, qui savent se conformer à la vie sédentaire et qui deviennent des citoyens intelligents et laborieux.

Une chose me paraît certaine, c'est que les Tsiganes, dès le commencement, longtemps avant qu'ils vinssent en Perse, étaient ce qu'ils sont encore aujourd'hui — des musiciens vagabonds, sans la moindre trace d'estime de soi-même. On ne peut leur donner le nom de Djat, qu'en tant qu'ils ont été les compatriotes des Djat qui, d'après leurs propres traditions et les rapports des Musulmans, sont venus de Qandahar et de Ghazna en Inde. Y existait-il, outre d'avoir habité ensemble, un rapport plus ancien entre les Djat et les Tsiganes? Voilà une question qui mérite bien d'être résolue; moi je ne possède pas les données nécessaires pour y répondre. Cependant, la conjecture suivante a peut-être quelque valeur. On a fait remarquer que les Tsiganes étaient d'habiles maréchaux. Cela nous rappelle les Çolaïb, nommés aussi Çolouba, qui vivent de la chasse, n'ont pas de chameaux, mais seulement des ânes, parcourent le désert syrien et celui de l'Arabie du nord, sont tellement méprisés qu'un Bédouin ne les attaquera point, comme il n'attaquera pas le sanglier, portent avec eux les outils de maréchal et se rendent utiles aux Bédouins comme forgerons, spécialement comme maréchaux. Or, si les Djat (Zott) étaient réellement ce que je pense, une peuplade nomade militante, il me semble probable que les Tsiganes les auront accompagnés pendant leur lent progrès vers l'Indus, comme musiciens et forgerons. Car les peuples nomades qui n'ont pas la gravité sévère des Arabes, ont besoin non seulement de forgerons, mais aussi d'amusements. Une observation du professeur Caro sur les Juifs russes et polonais vient à l'appui de ma conjecture. Il dit que les Juifs suivaient les expéditions des Huns, des Avares, des Tatares, des Khazares et autres peuples nomades. Comme les Juifs furent les vivandiers de ces peuples, les pères des Tsiganes auraient suivi les Djat nomades comme musiciens et forgerons".

Selon Trumpp[1]) les Djat qui habitent le riverain de l'Indus, à partir des embouchures jusque dans la vallée de Peshâwer, constituent la population aréenne originaire du pays. Ils sont agriculteurs et éleveurs de chameaux, mais on trouve au milieu d'eux des familles demi-sauvages qui vivent de la chasse et de la pêche et qu'on appelle Bhangi (biberons[2]).

1) Zeitschr. D. M. Ges. XV, 690 et suiv.

2) Mac Ritchie, The Gypsies of India, 84: „Dr. Mitra, of Calcutta, states, with regard to the Bediyás, a people whom he compares with the gypsies, that „chiefs of clans assume the title of *bhangy*, or 'drinkers of bhang' (India hemp), *par excellence,* as a mark of honour".

Trumpp ajoute que ceux-ci lui semblent être nos Tsiganes.
Ce dualisme de caractère que les Djat présentent en Inde,
nous le retrouvons en Asie et même dans l'Europe orientale. A côté des Zott qu'on employait, comme nous le verrons
bientôt, au service militaire, qui se rendaient redoutables
comme corsaires, qui savaient organiser une résistance éner-
gique contre le khalife lui-même, et qui se prêtaient à
la vie sédentaire, on trouve des groupes du même nom qui
ont en tous points le caractère tsigane. Toutefois, il ne faut
pas oublier qu'en Asie le nom de Zott était devenu le nom
générique de tous les hommes d'origine indienne, comme
le dit l'auteur du *Modjmil at-tawârîkh* [1]), de sorte que ce
nom ne suffit pas à prouver que celui qui le porte soit
réellement issu des Djat.

III. Transplantation de Zott avant l'Islam.

Les dix à douze mille Tsiganes qui, sous le règne de
Bahrâm Djour, avaient été expédiés de l'Inde en Perse,
n'étaient pas les seuls Sindiens qui fussent transportés loin
des bords de l'Indus. Nous trouvons, au temps de la conquête de l'Irâq par les Arabes au septième siècle, dans
l'armée persane, des détachements nombreux de Sindiens,
qui, lorsque les chances du Roi des rois commencèrent à
s'empirer, passèrent du côté des Arabes et embrassèrent
l'Islam, à la condition qu'ils conserveraient leur rang et
leur solde [2]). Ils se joignirent à la tribu de Tamîm et se
fixèrent pour la plus grande partie à Basra [3]). Ils ne prirent

---

1) Ci-dessus p. 10.   2) Belâdh. 372 et suiv., 377, Tab. I, 2562 et suiv.
3) Tab. I, 3125 l. 7 et 17, 3134, 3181, Mobarrad, ed. Wright, 82, l. 16
et suiv.

aucune part à la guerre civile du temps d'Alî et n'assistèrent ni à la bataille du chameau, ni aux journées de Çiffîn, mais dans les guerres de tribus, dans la province de Basra, entre les Tamîm et les Rabî°a et Azd confédérés [1], ils combattirent avec ceux-là, comme nous l'avons vu par les vers cités au 1er chapitre. Les tribus de Wâil et les Abdalqaïs appartiennent aux Rabî°a, les Mazoun sont les Azd d'Oman domiciliés en Basra. Les Asâwir, nommés à côté des Zott, étaient des cavaliers au service du roi de Perse et peuvent être comparés aux condottieri du moyen-âge. Ils semblent s'être recrutés spécialement parmi les Guîlân et autres peuples des régions caspiennes.

Au Bahraïn en Arabie, il y avait une garnison de Sindiens dans le port de mer d'al-Khatt, comme nous le voyons dans le récit de la révolte des Arabes au temps d'Abou Bekr [2]. On les appelle »les Zott et les Zayâbidja". Ce n'étaient pas seulement des soldats qu'on avait recrutés parmi les prisonniers de guerre du Sind [3], mais on avait transporté des familles entières avec leur bétail sur les bords de l'Euphrate, dans le double but, probablement, de peupler les régions marécageuses et de défendre le pays contre les Bédouins. Nous lisons chez Belâdhori p. 373 que les Sayâbidja avaient été placés, avant l'Islam, sur les côtes de la mer, et que les Zott avec leurs troupeaux occupaient les Tofouf, c'est-à-dire le pays situé entre le désert et le rivage de

---

1) Comp. Wellhausen, Das arabische Reich und sein Sturz, 130, 253. Le poète 'Arham ibn Abdallah, cité dans le *Lisân*, assistait aux troubles de Basra en 684 (65 de l'H).
2) Tab. I, 1961, l. 4, *Aghâni* XIV, 46.
3) Belâdh. 375, l. 6 et suiv.

l'Euphrate en Babylonie, mais qui doit avoir compris aussi une partie du rivage même. Car un ancien canal de la Batîha, le pays marécageux situé sur l'Euphrate près de Babel, s'appelait encore longtemps après Nahr az-Zott (canal des Zott) [1]).

Une colonie de Zott était établie au Khouzistân. Il est vrai qu'un géographe postérieur, Dimashqi [2]), dit que ces Zott n'y sont venus qu'au temps d'al-Haddjâdj, au commencement du huitième siècle, mais Belâdhori (p. 382 comp. 377) nomme as-Zott, abrégé de Hawmat az-Zott ou Haiyiz az-Zott (territoire des Zott), parmi les lieux qui furent conquis du temps d'Omar. Ce territoire, situé entre Râmhormouz et Arradjân du côté du Farsistân, conserva ce nom bien longtemps après que les habitants originaux eurent disparu ou eurent cessé d'être reconnus comme des Zott. Je conclus cela du fait que Yaqout appelle le lieu Ratt au lieu de Zatt, en négligeant un point diacritique, quoique le nom de Zatt ou Zott lui fût bien connu. Istakhri et Ibn Hauqal, Bekri, p. 178, l. 8, décrivent ce district comme grand, populeux et riche. Il n'est pas improbable que le canal et la ville de Hindowân située près de la mer, non loin d'Arradjân, tirent leur nom également d'une colonie de Sindiens [3]).

Nous ne savons pas en détail ce que sont devenues ces

---

1) Yaqout IV, 840 l. 4.

2) Ed. Mehren p. 179, l. 4 a f. L'auteur, évidemment, n'est pas bien informé. Le texte est corrompu. Au lieu de وهو جبيل خاذيهم il faut lire وهو (ووهم) جبيل جاع ديهم.

3) Moqaddasi 422 l. 2, 426 l. 3 et suiv., Yaqout IV, 993; Hoffmann, Auszüge 114 Beth Hendwājē.

diverses colonies. La plupart de ces Sindiens se seront sans doute arabisés, et on trouve encore beaucoup plus tard des descendants de Zotti's qui occupaient un haut rang, comme p. e. Sarî ibn al-Hakam, qui en 815 devint gouverneur de l'Égypte[1]. Seulement, Belâdhori (p. 162 et 376) nous raconte qu'en 669 ou 670 Moâwia fit transporter plusieurs familles de Zott et de Zayâbidja de Basra à Antioche sur l'Oronte et autres places maritimes de la Syrie. Un quartier d'Antioche portait encore au troisième siècle de l'hégire, d'après eux, le nom de Mahallat az-Zott (quartier des Zott), et à Bouqa, une dépendance d'Antioche, résidaient alors encore des Zott qu'on disait descendre de ceux-là.

Je parlerai dans l'Appendice des Sayâbidja, que je crois originaires de Sumatra. Quant au nom de Djat ou Zat, arabisé en Zott, il était connu en Arabie au moins dès les premiers temps de l'Islam, et il continuait à être employé de tous les Sindiens déjà établis en Irâq et en Perse, comme de ceux qui furent transportés de l'Inde plus tard.

IV. Transplantation et émigration des Zott au temps de l'Islam.

Les premières invasions des Arabes dans le Sind échouèrent en partie par la résistance des Maïd[2] et des Qîqân[3], mais il paraît que ces tribus ont bientôt compris la supériorité des nouveaux envahisseurs. Lorsque les Musulmans entreprirent la première expédition sérieuse, au commence-

---

1) Abu'l-Mahâsin, I, 574.
2) Belâdh. 433.
3) Ib. 432 et suiv.

ment du huitième siècle, sous le khalifat de Walîd I, ils trouvèrent dans les Zott et les Maïd des auxiliaires au lieu d'ennemis. L'armée à la tête de laquelle al-Haddjâdj, le gouverneur de l'Irâq, envoya son neveu Mohammed ibn al-Qâsim dans la vallée de l'Indus, n'était pas grande [1]), mais fut renforcée bientôt par quelques milliers de Zott [2]). Mais comme c'étaient des alliés peu sûrs, on résolut d'en déporter un grand nombre. Cette déportation rendrait en même temps un autre service. Tout comme l'Euphrate, le Tigre avait formé de vastes marais dans la riche province de Kaskar, entre Wâsit et Basra. Pour défricher et pour faire valoir ces terres, on ne pouvait trouver des gens plus habiles que ces Sindiens, accoutumés à vivre dans les pays marécageux situés sur les rives de l'Indus, et les buffles, qui constituaient le fonds de leur bétail, sont les seuls bestiaux qui se plaisent à vivre dans les marais et y prospèrent [3]). Au dire de Belâdhori, p. 375, ce n'étaient pas seulement des Zott, mais aussi beaucoup d'autres Sindiens qu'on transporta avec leurs familles et leurs troupeaux. Comme la colonie portait le nom des Zott, j'admis autrefois que ceux-ci en formaient la majorité. Mais j'oubliai que déjà alors le nom de Zott était devenu un nom générique pour tous ceux qui étaient originaires de la vallée de l'Indus.

Cette déportation a dû avoir lieu vers 710. Car nous lisons que Walîd I, qui mourut en 714, fit transporter une partie de ces Zott avec leurs buffles à Antioche et al-

---

1) Belâdh. 436.

2) Belâdh. 438, Elliot, History of India, I, 161 et 187, 435.

3) Voyez p. e. Petermann, Reisen, II, 423, Brockhaus sous *Büffel*.

Maççîça. Les récits qui nous en restent [1] nous donnent en même temps une idée de l'importance de cette déportation. Abou No'mân d'Antioche raconte: »Le chemin entre Antioche et al-Maççîça (l'ancienne Mopsuestia) était autrefois infesté par les bêtes fauves, et souvent les voyageurs furent attaqués par des lions. Les habitants ayant adressé des plaintes au khalife al-Walîd, fils d'Abdalmelik, celui-ci leur envoya 4000 buffles mâles et femelles, par lesquels Dieu leur vint en aide". On sait que le buffle attaque le lion et le chasse. Damîri I, p. 207: »Le buffle est un animal fort et intrépide, et en même temps peureux; pour se sauver d'une piqure de mouche, il s'abrite dans l'eau, mais le lion a peur de lui" [2]. Abou No'mân poursuit: »Mohammed ibn al-Qâsim le Thaqifite, gouverneur du Sind au nom d'al-Haddjâdj, avait envoyé plusieurs milliers de buffles, dont al-Haddjâdj expédia 4000 à al-Walîd en Syrie, et dont il plaça le reste dans les marais de Kaskar. Lorsqu'après la mort de Yazîd ibn al-Mohallab (en 720), les possessions des Mohallabites furent confisquées, on y trouva aussi 4000 buffles sur les bords du Tigre et en Kaskar. Yazîd II les envoya avec les familles de Zott chargées de les garder à al-Maççîça, ce qui fit monter le capital de bestiaux importés à 8000. Pendant les désordres du temps de Merwân II, le dernier khalife omayade, les habitants d'Antioche et de Qinnasrîn s'emparèrent d'un grand nombre de ces buffles. Mais al-Mançour, le second khalife abbaside, les fit restituer à al-Maççîça, (ville qu'al-Mançour fit restaurer et à laquelle il donna le

---

1) Belâdh. 162, 166, 168, 376.

2) Comp. aussi Qazwîni ed. Wüstenfeld I, 383.

nom d'al-Mançoura [1]). Les buffles qu'on trouve actuellement
à Antioche et à Bouqa descendent de ceux que les Zott
(transportés par Moâwia et al-Walid I) avaient amenés".
Masoudi [2]) raconte que la façon d'atteler les buffles sur la
frontière de Syrie et dans la province d'Antioche est la
même que celle qu'on pratique dans le Sind, confirmant
par là l'authenticité de ce qui précède.

La première colonie de Zott établie par Moâwia dans la
Syrie septentrionale avait été suivie d'une seconde sous al-
Walîd I, d'une troisième sous Yazîd II. Comme la colonie
principale restait à Kaskar, nous pouvons conclure que le
nombre des Sindiens transportés par Mohammed ibn al-
Qàsim a été très considérable. Ce n'est qu'après environ
un siècle que les historiens reparlent de cette colonie. Belâdhori [3]) raconte: »Les Zott, établis par al-Haddjâdj en Kaskar,
s'emparèrent de la Batîha (le pays marécageux entre Wâsit
et Basra) et s'y multiplièrent. Puis ils furent renforcés par
des esclaves fugitifs, par des clients de la tribu de Bâhila [4]),
par des serfs de Mohammed ibn Solaïmân ibn Alî (le prince
abbaside qui avait été gouverneur de Basra, mort en 789 [5])
et par d'autres, ce qui les rendit assez audacieux pour intercepter le commerce (litt. le chemin) et pour refuser
ouvertement d'obéir au gouvernement. Jusqu'alors ils s'étaient

---

1) Edrîsî, trad. par Jaubert, I, 162; cf. Ibn al-Fakîh 112, l. 19, Yaqoubî
dans la Bibl. Geogr. VII, 238 l. 5.

2) *Moroudj* ed. Barbier de Meynard, III, 28 et suiv. Comp. sur les buffles
des Tsiganes une note de M. Bataillard citée par Mac Ritchie, The Gypsies
of India, p. 215 et suiv.

3) P. 375.

4) Tribu mal famée: v. Ibn Khallik, trad. par de Slane II, 518 et suiv.

5) Tab. III, 607.

bornés à mendier et à profiter de la négligence de l'équipage des barques pour voler. La situation devint telle que sous le khalifat d'al-Mamoun le commerce entre Basra et Bagdad était interrompu, les bateliers n'osant plus traverser les parages occupés par les Zott". Le désordre du pays pendant la guerre civile entre al-Emîn et al-Mamoun suffit bien à expliquer l'audace croissante des voleurs de grand chemin, mais non pas la résistance bien organisée et forte que les Zott firent encore plusieurs années après contre les troupes du khalife. Heureusement, Masoudi dans son *Tanbih* [1]) nous donne la solution du problème. Parmi les victoires d'al-Motacim il compte »l'expulsion des Zott qui occupaient les marais de Basra, le territoire en deça de Basra et le pays situé entre cette ville et Wâsit, et qui, dans ces régions, infestaient les chemins et commettaient une quantité de meurtres. C'était une population nombreuse, qui, chassée de l'Inde par la disette, était venue s'établir là. Ils avaient envahi le pays de Kerman, puis le Fars, la province de l'Ahwâz (le Khouzistân) et enfin s'étaient établis en maîtres dans ces parages; ils y étaient devenus très puissants et leur valeur militaire était considérable".

Ce renseignement est de la plus haute importance. Masoudi ne semble rien savoir de la colonisation ancienne du temps d'al-Haddjâdj, de même qu'il ignorait la première transportation des Zott avec leurs buffles à la frontière syrienne, du temps d'al-Walîd I. Nous pouvons en inférer que cette colonie était pour peu dans ce déploiement de forces des Zott. Il n'est pas même certain que tous ces

---

1) Trad. par Carra de Vaux p. 455.

éleveurs de buffles aient pris part à l'insurrection des Zott. Car quoique les historiens affirment qu'après la capitulation, vers la fin de 834, tous les Zott furent transportés, on trouvait encore des Zott, pâtres de buffles, dans les marais de Kaskar au temps d'Ibn Rosteh [1]). Mais il semble probable que l'existence de cette colonie attira les Sindiens vers l'Irâq. Il se peut que ceux-ci n'aient formé qu'une partie des émigrés et qu'une autre partie se soit dirigée vers le nord-ouest et ait passée par l'Adherbaïdjân en Arménie. Nous verrons bientôt que les Zott de l'Irâq étaient bien au courant de ce qui se passait dans ce pays.

Nous ne savons pas au juste à quelle époque se place l'occupation du pays de Kaskar dont parle Masoudi, mais cela a dû avoir lieu quelques années au moins avant 820. Car dans cette année (205 de l'Hégire) al-Mamoun confia la conduite de la guerre contre les Zott à ʿIsa ibn Yazîd al-Djaloudi, qui fut remplacé l'année suivante par Daoud ibn Mânidjour [2]). Si nous prenions à la lettre les paroles d'Ibn al-Fakih [3]) disant que les Zott, avant d'avoir été soumis par al-Motaçim, avaient bravé »khalife après khalife", il faudrait reculer l'arrivée des Sindiens émigrés de plusieurs années.

Les généraux d'al-Mamoun n'eurent pas le moindre succès, au grand préjudice du prestige du khalifat. Lorsqu'en 824 Mamoun mit à la grâce de Naçr ibn Shabath, chef arabe qui s'était déclaré indépendant au temps de la guerre civile,

---

1) Bibl. Geogr. VII, 95 l. 9. Selon un article dans le *Machriq* (v. ci-dessous) V, p. 1032 on trouve encore actuellement dans la province de Basra soixante-dix familles de Tsiganes, portant le nom ancien de Zott.

2) Tab. III, 1044 et suiv.

3) P. 53 l. 2.

la condition humiliante qu'il viendrait faire acte de soumission en personne, celui-ci s'écria: »Ose-t-il me proposer cela? lui qui n'est pas capable de subjuguer quatre cent grenouilles qui s'ébattent sous ses ailes mêmes, croit-il pouvoir vaincre l'élite des Arabes?" Il entendait par là, comme le chroniqueur le remarque [1]), les Zott, dont le nombre cependant était beaucoup plus considérable.

La situation s'aggrava à tel point qu'un des premiers soucis d'al-Motacim, après son avénement au khalifat et son retour à Bagdad, fut d'y mettre fin coûte que coûte. Il était plus que temps, car la communication de la capitale avec Basra était interrompue, de sorte que l'alimentation de Bagdad en souffrait, au grand détriment de l'autorité du khalife. Tabari [2]) nous a conservé un poème satirique arabe, composé par un poète des Zott, dont voici la traduction:

O habitants de Bagdad, mourez! que votre chagrin dure longtemps, causé par votre désir ardent des dattes *barni* et *sohriz*!

C'est nous qui vous avons défaits, après vous avoir contraints de vous battre avec nous en rase campagne; c'est nous qui vous avons poussés devant nous comme une troupe de faibles. C'est que vous n'avez pas été reconnaissants envers Dieu pour tout ce qu'il vous avait donné et que vous n'avez pas répondu à ses bienfaits en l'honorant.

Invoquez maintenant le secours des esclaves, fils des fondateurs de votre dynastie, de Yâzamân, de Baldj, de Touz,

---

1) Tab. III, 1069 l. 7.
2) III, 1169 et suiv.

de Shinâs, d'Afshîn, de Faradj, qui sont parés de soie et d'or, vêtus en *camohan* chinois, aux larges manches [1]), portant des armes attachés à des ceintures de mousseline précieuse. L'acier indien, manié par les Banou Bahilla et les descendants de Faïrouz, leur fendra le crâne.

Nous sommes les cavaliers des juments noires dont les museaux et les flancs sont ornés de coquillages [2]), qui, soumis à nos ordres, lorsque nous voulons les faire courir, déploient sur l'eau des ailes couleur d'ébène.

Nous vous prendrons à la chasse, soit aux trébuchets, soit au vol en vous poursuivant, comme on prend les oiseaux des ravins par les faucons.

Faire la guerre aux Zott, osez l'avouer, c'est tout autre chose que de manger du pain trempé de bouillon et de vider des gobelets.

C'est nous qui avons abreuvé la guerre de son propre lait (le sang), et s'il est nécessaire, nous ne reculerons pas devant un combat dans l'eau même.

Nous vous souffletterons de sorte que le seigneur du Trône en prendra courage et que le seigneur de Tîz s'en réjouira. Versez donc des larmes pour vos dattes (Dieu fasse pleurer vos yeux!) chaque jour des sacrifices (le 10 Dhou'l-hiddja), chaque fête de rupture du jeûne (après le jeûne de Ramadhân) et chaque jour de nouvel an.

Bahilla est le nom d'une concubine sindienne d'al-Mohallab, mère de ses fils al-Mofaddhal et Abdalmelik, qu'on

---

1) Traduction très libre.

2) On aimait à orner les navires, spécialement la proue, de coquillages et de verroterie; voyez le Gloss. sur Tab. p. DLIII.

appelait d'après elle les fils de Bahilla [1]). Il n'est pas invraisemblable que des descendants d'al-Mofaddhal se soient réfugiés chez les Sindiens de la tribu de leur aïeule, après le massacre des Mohallabites à Kandâbil (Gandawa) en 720 (102 de l'Hég.) [2]), et que c'est à ceux-ci et aux Persans d'origine noble, les fils de Faïrouz, que les Sindiens émigrés devaient leur organisation militaire. D'après Tabari, p. 1168 l. 1, le prince des Zott s'appelait Mohammed ibn Othmân, ce qui rend vraisemblable qu'il était d'origine arabe. Le seigneur de Tîz est le Maharadja du Mokrân [3]), le seigneur du Trône est Bâbek, le prince alors tout-puissant de l'Adherbaïdjan et de l'Arménie orientale, reconnu comme chef par tous les Khorramites [4]), dont le but était de bouleverser l'empire des Arabes et d'abolir l'Islam. Il est bien intéressant de voir par le poème cité que les Zott de Kaskar étaient en communication avec Bâbek, ce qui nous fait soupçonner qu'une partie des émigrés s'étaient rendus vers ses états. Le gouvernement du khalife ne l'ignorait pas. Immédiatement après la soumission des Zott, toutes les forces de l'empire se tournent contre Bâbek et en même temps contre les pirates sindiens.

Une anecdote communiquée par Djâhiz [5]) nous donne une idée de la peur que les Zott inspiraient aux Bagdadiens. Le courtisan Mohammed ibn al-Djahm al-Barmaki raconte qu'il passa un long temps d'angoisse plein de terreur, sans parler, de sorte qu'il en eut un embarras de la langue.

L'état des choses ne souffrait donc plus aucun délai.

---

1) Tab. II, 1141 et suiv., 1164, 1210.   2) Comp. Tab. II, 1413 l. 9.
3) Istakhri 177 l. 9 et suiv.   4) Comp. Tab. III, 1165.
5) *Bayân* I, 18, l. 5 a f. et suiv., Mobarrad, 237 l. 2, 364 l. 5.

Al-Motacim, immédiatement après sa rentrée à Bagdad, expédia Ahmed ibn Saʿîd al-Bâhilî, un descendant du célèbre conquérant Qotaïba, contre les Zott, mais il fut repoussé [1]). Alors, en 834 (Djomâda II de 219), le général ʿOdjaïf ibn ʿAnbasa fut investi de pouvoirs absolus pour une guerre à outrance. On établit une série de postes entre Bagdad et le camp de ʿOdjaïf, afin que le khalife pût avoir des nouvelles de jour en jour et faire expédier au général tout ce dont il aurait besoin. Mais la guerre contre ces habitants de marais n'était guère facile. Une fois seulement ʿOdjaïf réussit à les forcer à livrer bataille. A cette occasion 300 Zott furent tués et 500 faits prisonniers et décapités [2]). Le chroniqueur ne nous dit rien des pertes des troupes impériales. A cette exception près, il n'y eut que des escarmouches dans lesquelles les soldats du khalife avaient ordinairement le dessous.

La tactique de ʿOdjaïf était d'intercepter toute communication des Zott avec le dehors en bouchant les canaux qui conduisaient aux marais de Kaskar [3]). Il employa à ces travaux, selon Barhebraeus [4]), des prisonniers égyptiens qui étaient accoutumés à opérer dans l'eau et à construire des bâtardeaux. Ce ne fut que sept [5]) mois plus tard qu'il en vint à

---

1) Yaqoubi ed. Houtsma II, 576.

2) Peut-être après avoir été crucifiés. Car il n'est pas improbable qu'il faille placer ici le vers du poète Diʿbil (Mobarrad 457, l. 14 et suiv.), dans lequel il dépeint la vue de quatre-vingt-dix Zott crucifiés sur le bord de la rivière, c'est-à-dire du Tigre.

3) Belâdh. 375, Tab. III, 1167.

4) P. 153 du texte syrien. M. l'Abbé Chabot a eu la bonté de copier pour moi le passage correspondant de la chronique de Michel le Syrien (p. 528). Barhebraeus n'a fait que le copier à peu près mot à mot.

5) Il faut changer ܢܫܒܐ du texte de Tab. en ܫܒܥܐ.

bout. Dans les derniers jours de 834 les Zott offrirent leur soumission, à la condition d'avoir la vie sauve et de garder leurs biens, et le général accepta.

A Bagdad la joie fut grande. Le khalife fit donner à chaque soldat de ʿOdjaïf une gratification de deux dénares comme récompense, et ordonna que tous les Zott seraient conduits à la capitale pour être exhibés au peuple. ʿOdjaïf les fit compter et trouva que leur nombre était de 27,000, dont 12,000 capables de porter les armes[1]. Au premier mois de 835 l'entrée solennelle des Zott à Bagdad eut lieu. Ils étaient vêtus de leur costume national, et firent leur entrée avec leur musique, sur un très grand nombre de bateaux, pendant que les Bagdadiens occupaient les deux rives du Tigre, et que le khalife lui-même assistait au spectacle dans son yacht. On répéta cette exhibition les deux jours suivants. Ensuite Bishr ibn al-Samaïdaʿ fut chargé de les conduire à Khâniqîn, à 32 parasanges au N. E. de Bagdad sur la route du Khorâsân. Selon Tabari, ils furent transportés de là à ʿAïnzarba (Anazarba) sur la frontière septentrionale de la Syrie. Yaqoubi dit[2] qu'ils furent relégués à Khâniqîn. Je crois que nous devons nous en tenir au rapport de Belâdhori, qui dit[3] qu'une partie resta à Khâniqîn et que les autres furent transportés à ʿAïnzarba et autres places frontières. Comparez ce que dit Masoudi dans son *Tanbîh*[4]: »Motacim leur donna pour demeure le pays de Khâniqîn et de Djaloula sur la route du Khorasân, et celui de ʿAïn-

---

1) Tab. III, 1168, Abu'l-Mahâsin I, 653.

2) P. 576.   3) P. 376.

4) Trad. de Carra de Vaux p. 455. Je me suis permis d'y faire une légère correction.

zarba aux frontières syriennes". Ce dernier auteur ajoute : »C'est depuis ce temps qu'il y a des buffles en Syrie; on ne les y connaissait pas auparavant; l'on dit aussi que les buffles qui se trouvent sur les frontières et les rivages de la Syrie, provenaient de ceux que la famille de Mohallab possédait dans la région de Basra, des Batâih (marais babyloniens) et des Tofouf (rivages occidentales de l'Euphrate en Babylonie); Yazîd ibn al-Mohallab ayant été tué, Yazîd ibn Abdalmelik ibn Merwân (Yazîd II) transporta de nombreux troupeaux de ces animaux en Syrie".

Nous ne pouvons dire avec certitude dans quelle condition les Zott furent installés à ʿAïnzarba et ailleurs, mais ce n'était certainement pas dans celle de citoyens libres. Car Wâqidi [1]) et, d'après lui, Belâdhori [2]) ajoutent au récit de la déportation à ʿAïnzarba ces mots: »Et les habitants tiraient beaucoup de profit d'eux". Il se peut qu'à Khâniqîn on les ait employés pour les travaux de la mine de naphte, mais les historiens ne disent pas un seul mot sur cette fraction des Zott déportés. Quant aux autres, Tabari [3]) nous apprend qu'en 855 les Roum (les Byzantins) envahirent ʿAïnzarba, s'emparèrent de tous les Zott qui s'y trouvaient et les emmenèrent en captivité avec leurs femmes, enfants, buffles et bœufs.

Voilà la première bande de Tsiganes dont nous savons qu'elle entra dans l'empire byzantin. Il se peut que déjà

---

1) Chez Yaqout III, 761 l. 21 et suiv.

2) P. 171. Ibn as-Shihna dans sa description d'Aleppo, MS. de Leide 1444, f. 74 r. cite les paroles de Belâdhori, et y ajoute: „je dis, les Zott sont une peuplade indienne". V. aussi Tab. III, 1169, l. 1 et suiv.

3) III, 1426.

auparavant des Zott des déportations du temps des Omayades y eussent pénétré par petites troupes, et que, plus tard, leur nombre ait été renforcé par des infiltrations de Zott syriens. Car il est bien certain qu'un grand nombre de ces gens restèrent en Syrie. Mais ce dont les livres ne nous apprennent rien, et ce qui pourtant est mis hors de doute par les recherches de Miklosich, c'est qu'une grande partie des Tsiganes a dû venir en Asie Mineure par l'Arménie, puisque la langue de tous les Tsiganes grecs et européens contient un nombre assez considérable de mots empruntés à l'arménien. Il se peut que déjà lors de l'émigration du commencement du neuvième siècle dont nous avons traité plus haut, une partie des Sindiens se soit dirigée vers l'Adherbaïdjân, mais il est très probable que les Zott établis à Khâniqîn et Djaloula se sont peu à peu répandus dans ce pays et puis en Arménie. Aucun des géographes arabes ne fait mention de la présence de Zott à Khâniqîn, et leur silence, joint au résultat obtenu par Miklosich, donne quelque probabilité à cette conjecture.

Après la soumission des Zott de Kaskar, le khalife mit fin aux déprédations des pirates sindiens qui sur leurs *bawâridj* (barques) infestaient les bords de la mer persane, même les environs de Basra, au dire de Masoudi dans son *Tanbîh* [1]), et qui avaient occupé même l'île de Socotra [2]). Ibn al-Faqîh en parle aussi [3]), mais dans son texte le mot de *bawâridj* a été corrompu. Selon lui, le général qui acheva cette conquête portait le nom d'Omar ibn al-Fadhl as-Shirâzi.

---

1) P. 355, l. 4 et suiv. du texte.
2) Masoudi, *Moroudj*, III, 37.
3) P. 53 l. 4.

J'ai conjecturé, dans une note au pied du texte, que c'est
une faute pour Mohammed ibn al-Fadhl. Car Belâdhori,
p. 446 l. 9, dit que Mohammed ibn al-Fadhl ibn Mâhân,
avec une flotte de soixante-dix *bâridja*, fit une expédition
contre les Maïd et qu'il en tua un grand nombre. Il n'est
pas improbable que Tîz, le port de mer du Mokrân, était
le chef-lieu de ces pirates. En même temps ʿImrân ibn
Mousa dirigea une expédition contre les Qîqân et ensuite
contre les Maïd, dont il tua plusieurs, et fit payer aux Zott
la capitation. Belâdhori, qui donne beaucoup de détails sur
ces expéditions, raconte le fait curieux que ʿImrân ordonna
aux Zott que chacun d'eux, lorsqu'il se présenterait devant
lui, amenât un chien, ajoutant que le prix d'un chien s'éleva
par cette mesure à cinquante dirhems. Reinaud [1]) demande
si l'intention de l'émir était de diminuer le nombre des
chiens. Cela me semble peu vraisemblable. J'y vois plutôt
une mesure pour appauvrir ces gens en faveur du fisc.
Du reste, tout cela est resté sans résultat. Il y eut des
dissensions entre les chefs arabes et bientôt les Zott et les
Maïd étaient redevenus ce qu'ils étaient auparavant: des
voisins importuns pour les habitants du Sind. Tels les trouva
Masoudi, qui en 915 visita le pays [2]), tels les décrivent un
peu plus tard Istakhri et Ibn Hauqal.

V. La langue des Tsiganes orientaux et occidentaux.

Il n'y a pas, chez les historiens, le moindre indice d'une
émigration ou d'une déportation de Sindiens, ultérieures à

---

1) Fragments, 215 note 1. Comp. Elliot, Hist. of India, I, 187, 449 et
suiv., Ritter, Erdk. VII, 175. 2) *Moroudj* I, 378.

celles que nous avons décrites. On a bien parlé d'une émigration ou une déportation au temps de Timour, on a même supposé que ce monarque employait un grand nombre de ces gens comme espions et fourrageurs et que ceux-ci furent emmenés par les Turcs en Asie Mineure (Grellmann, Rienzi, Heister), mais ce sont des conjectures sans aucun fondement. Non seulement ce que Timour, dans son autobiographie, dit sur ses mesures contre les Sindiens est en contradiction flagrante avec cette supposition, mais aussi la chronologie s'y oppose. Car ce n'est que dans une des dernières années du quatorzième siècle que Timour aurait pu prendre des Sindiens à son service, et il est bien certain qu'en 1417 des bandes de Tsiganes passèrent la frontière allemande venant de la Hongrie. Il faudrait donc admettre aussi que c'est dans une période de seulement quinze à vingt ans que les Sindiens ont passé des bords de l'Indus à la frontière allemande. Or, comme la langue de tous les Tsiganes européens porte les traces évidentes d'une influence de l'arménien et surtout du grec, ce qui suppose un séjour prolongé dans les pays où ces langues sont parlées, l'absurdité de cette hypothèse saute aux yeux.

Mais le silence des historiens ne suffit pas à mettre hors doute le fait que nous discutons. Nous ne saurions rien d'un séjour des Tsiganes dans un pays arménien, si l'examen de la langue de ce peuple par Miklosich n'eût prouvé qu'elle renferme un nombre assez considérable de mots empruntés directement à l'arménien. Il est donc nécessaire avant tout d'interroger la langue des Tsiganes. Si tous les dialectes de ce peuple ont le même fond sindien, nous sommes en droit de conclure que leurs ancêtres ont quitté la vallée du Sind à la même époque. Si, au contraire, le fond des dialectes divers n'est pas identique, notre conclusion devra être qu'il y a eu émigration à des époques différentes.

Quant aux dialectes des Tsiganes européens, y compris ceux de la Turquie européenne et de la Grèce, il n'y a plus aucun doute possible, surtout après les études minutieuses et précises de Miklosich, que le fond de langue sindien de tous les Tsiganes ne soit le même, et que les divergences ne s'expliquent par l'influence des divers milieux où il ont demeuré ou demeurent encore. Une comparaison des dialectes orientaux nous fait encore défaut. Miklosich ne les cite qu'exceptionnellement, et les matériaux qui sont à ma disposition sont très loin d'être aussi riches et aussi bien ordonnés que ceux dont nous disposons pour la connaissance des dialectes européens.

Nous avons sur les Tsiganes d'Égypte deux renseignements, dont le plus ancien a la plus grande valeur. Il se trouve dans le Journal R. Asiat. Soc. de 1856, XVI, p. 285 et suiv. et est dû à Newbold, qui à ses propres observations a joint celles de Rickard. En Égypte les Tsiganes se divisent en trois classes: les Helebis, les Ghadjar et les Nawar. D'après le petit vocabulaire que Newbold a donné de leurs dialectes, ce sont les Ghadjar qui ont conservé le plus grand nombre de mots sindiens. Le vocabulaire des Helebis est pour la plus grande partie arabe; celui des Nawar ne contient chez Newbold qu'un petit nombre de mots, dont plusieurs persans. L'autre renseignement est de A. von Kremer, Aegypten, I, p. 138 et suiv. Le vocabulaire qu'il nous donne ne contient pas un seul mot sindien, si je ne me trompe. V. Kremer a bien ouï dire qu'ils ont encore une autre langue, mais il n'a pas réussi à s'en procurer des mots. Un article dans le Journal of Gypsy Lore, II, p. 199, contient quelques mots de la langue des Ghadjar de la Sahara qui sont tous sindiens.

Nous devons aussi à Newbold une notice sur les Tsiganes de la Syrie, les Nawar et les Kourbât, avec un vocabulaire de la langue des Kourbât des environs d'Aleppo, accompagné des mots correspondants des Tsiganes Doumân du pashalik de Bagdad. Il y a joint un petit vocabulaire de mots tsiganes composé par Burckhardt Barker à Aleppo en 1847.

Des Tsiganes de Palestine nous avons encore un petit vocabulaire fait par Seetzen, Reisen durch Syrien, Palaestina etc., II, p. 184, un autre de ceux de Damas communiqué par Mad^elle Everest dans le Journal of Gypsy Lore, II, p. 25 et suiv., un troisième de ceux de Beyrouth, dû à Eli Smith et publié par Pott dans la Zeitschrift für die Wissenschaft der Sprache de Höfer, I, p. 175 et suiv. J'espérais que les articles sur les Nawar, publiés naguère par le P. Anastase dans le *Machriq* de 1902, augmenteraient cette collection, mais j'ai été déçu. Les seuls mots donnés comme des mots tsiganes que j'y aie rencontrés sont *kobna* ou *tchobna*, plur. *koban* (p. 1032, 1079) signifiant une jaquette de feutre, et *djo^cdjorra*, plur. *dja^câdjir* (p. 1080), nom d'une espèce de petits gâteaux que les femmes tsiganes vendent, en promettant à celui qui les porte ou qui les mange cuits avec du rob, qu'il obtiendra ce qu'il désire. Le dernier mot se trouve dans le *Tâdj al-^carous* (III, p. 104) et semble arabe quoique je ne sache pas en donner l'étymologie avec certitude. Quant au premier, il semble identique avec le mot *kabana*, plur. *kaban*, feutre, mentionné dans le Glossaire du »Diwan aus

Centralarabien" de Socin et qu'on y rapproche du turc *kepenek*. L'arabe moderne *koubân,* couverture de cheval, aura bien la même origine. Le P. Anastase dit, p. 967, qu'il est entré en conversation avec des Kâwoli's, mais qu'ils ne voulaient pas lâcher un seul mot de leur langue, pas même pour »du jaune sonnant".

Ce que nous savons de la langue des Tsiganes persans, nous le devons en premier lieu à Ouseley, Travels, III, p. 400. Newbold, dans son article cité (p. 311), donne une dizaine de mots tsiganes persans. J'allais mettre la dernière main à cette étude lorsque M. Mac Ritchie appela mon attention sur »Une correspondance inédite de Prosper Mérimée", publiée par M. Schemann dans la Revue des deux mondes du 15 Octobre 1902. Dans sa lettre du 7 Septembre 1856 (Revue p. 733) Mérimée parle d'un »petit vocabulaire des Bohémiens de la Perse" que De Gobineau avait transcrit pour lui. Il en dit: »Il y a certainement un rapport assez frappant entre la plupart des mots de vos Bohémiens et ceux des nôtres, et il est surprenant qu'une langue non écrite ne s'altère pas bien davantage parmi des individus placés à une si grande distance les uns des autres. Un mot m'a frappé, c'est *lô,* vin. Le correspondant du dialecte espagnol est *mol,* et dans le même dialecte *lon* désigne du sel. Je vois par votre vocabulaire que vos gens n'ont pas d'expression pour dire sel. Ils disent l'*âcre,* ce qui *pique* etc. Peut-être le mot qui s'applique au vin, *lô,* a-t-il quelque signification semblable, laquelle pourrait convenir également au sel". M. Schemann écrit p. 725: »Nous aurions vivement désiré pouvoir y joindre les lettres addressées par M. de Gobineau à Mérimée, mais par malheur elles ont probablement été détruites avec la maison qu'habitait celui-ci lors de l'incendie de la rue de Lille en 1871". Comme Mérimée s'intéressait beaucoup aux Tsiganes et à leur langage, il me semblait possible que le vocabulaire eût été sauvé avec d'autres papiers de Mérimée. M. Schemann m'a répondu qu'il a très peu d'espoir que le vocabulaire en question pourra encore se retrouver. Il me signala en même temps l'article de M. de Gobineau sur les Bohémiens de la Perse qui a été publié par Pott dans la Zeitschrift der deutschen morgenl. Gesellsch. de 1857. Cet article ne m'était pas inconnu, mais il y avait plusieurs mois que je l'avais dépouillé et je ne l'avais pas comparé avec les remarques de Mérimée. Je n'ai aucun doute maintenant que le vocabulaire publié par Pott ne soit celui que Mérimée avait sous les yeux. Car on y trouve *ló*, vin, et le mot sel est rendu par *shouráki* qui est une dérivation du persan *shour* et signifie *saumâtre*. Le mot *ló* paraît répondre au persan *lah* (vin). On trouve la même substitution de voyelle dans *puno*, eau, pour *pani*, et dans *ghora*, cheval, pour *gara*. Les deux mots cités ne sont pas les seuls mots persans que contient la liste. *Fille* est rendu par *dalkhosch*, qui paraît être *dil khawsh*, joyeux ; *dékhna*, bouche, est bien *dahan* (dahân). Le mot *kélim*, pied, sera bien l'arabe *qedem ; nour*, les yeux, l'arabe *nour*, lumière ; le verbe *akhaliden*, manger, semble être dérivé de l'arabe *akal*, comme *vakhiden*, voir, du mot tsigane *jakh* (oeil). Je ne sais identifier le mot *lagou*, couteau.

De Gobineau avait encore envoyé à Mérimée un petit vocabulaire de la langue des Kourbât et des Ghadjar, recueilli par lui en Égypte, et qui aura sans doute péri avec l'autre.

Une seconde lettre de M. Mac Ritchie me donna l'espoir
d'obtenir des informations précieuses sur la langue des
Tsiganes persans. Un Parsi, M. Benjamin, qui se trouve actuellement à Edinburgh, lui avait dit qu'il avait collection né
en Perse, spécialement au Louristan, une liste de trois à quatre
cents mots tsiganes, qu'il avait laissée à St. Petersbourg.
Cependant, sur la prière de M. Mac Ritchie, il a eu l'obli-
geance de chercher parmi ses notes et il en a tiré une
cinquantaine de mots, afin de me permettre de les examiner. Malheureusement, ni M. Mac Ritchie, ni M. Sampson,
ni moi-même n'avons pu découvrir dans cette liste un seul
mot tsigane. C'est un mélange de mots kurdes, persans,
arabes, arméniens et même indiens (comme p. e. *gura*, roi
ou shah, qui est le mot bien connu *gourou*).

Le vocabulaire *gourbati*, publié l'an dernier par M. le
Major Sykes dans le Journal of the anthropological insti-
tute of Great Britain and Ireland, vol. XXXII, p. 345 et
suiv., et sur lequel M. Mac Ritchie a appelé aussi mon attention, est de la même nature que celui de M. Benjamin,
mais contient pourtant un très petit nombre de véritables
mots tsiganes. M. Longworth Dames, dans une note sur
l'article de M. Sykes, l. c. p. 350, est d'opinion que ce
gourbati ne mérite pas le nom de langue, mais que c'est
un jargon secret artificiel comme on en trouve en Inde
parmi les Tchangars, les Doums etc.

J'ai dressé avec les données énumérées ci-dessus un tableau
comparatif, dans l'ordre de celui que Miklosich a publié
dans les livraisons VII et VIII de son travail »Ueber die
Mundarten und die Wanderungen der Zigeuner''. La première colonne contient la forme que Miklosich a mis en

tête de son article, les trois autres le mot tsigane correspondant, respectivement du dialecte égyptien et saharien,
syrien et bagdadien, persan. Les majuscules indiquent la
source[1]). J'ai négligé les mots asiatiques qui ne se trouvent
que chez Paspati, surtout parce que Miklosich les cite ordinairement, et de même les mots que ces dialectes ont en
commun, mais qui ne figurent pas dans le tableau de
Miklosich.

MIKLOSICH	ÉGYPTIEN	SYRIEN	PERSAN
a k h o r noix		*kôr* S	
a m e n nous		*amin* ES, *ameen* E	
a n mener		*nin* (impér.) N, ES, *aôn* (impér.) *anda* (parf.) E	*nauo* impér. O
a n g u ś t doigt	*angústi* N	*anglú, ángul* N	*angúl* O
a n g u ś t r i anneau	*angustri* N	*angúshtari* N	*angúshtari* O, N
a v venir		*áwami* (je viens) ES	
b a k r o brebis	*bakra* N	*bakra* N, *backra* S, BB	*bekra* O
b a l cheveu, poil	*bál* ou *vál* N	*vál* ou *bál* N, *wahl* S	*bál* O, *pulmae* Sy (?)
b a r pierre	*path* N	*wat* BB, *vúth* N, *wútt* E, *wutt* S	
b a r o grand	*burra, burri* N	*burro, barro* N	*barah, varah* O
b e r ś an		*varras, barras* N, *worszás* S	
b i š vingt		*wis* S, *vist, bist* N, *weest* E, *bist* ES	

1) GL = Journ. of Gypsy Lore; N = Newbold; S = Seetzen; BB =
Burckhardt Barker; E = Everest; ES = Eli Smith; O = Ouseley; G =
Gobineau; Sy = Sykes. J'ai gardé l'orthographe des sources.

MIKLOSICH	ÉGYPTIEN	SYRIEN	PERSAN
bok faim		*bkála* (affamé) ES	
brisin pluie	*bursunden* N	*barsenden* N, *waursun-daw* BB, *wursünda* E, *wärrszinda* S	
but beaucoup	*bhát* N	*bháyih* N	
buzno bouc		*bizin* (chèvre) BB	
cavo enfant	*chavo* GL, *cha-bo* (garçon), *chai* (fille N)	*chogo* N, *tchaga* E, *chágha* ES	*djava* G
curi couteau	*chúri, chíri* N	*chíri* N	*cheri* O
dad père			*dadi* O
daj mère		*dad* BB, E, *aida* N, *dajär* S	
dand dent	*dándi,* N	*dend* ES, *dennt* S, *dándeir* N	
des dix	*das, desh* N	*das* N, *dass* S, *dās* E, *des* ES, *da* BB	
diklo fichu	*dilk* (ceinture de chasteté[1]) N, *diklo* N, GL		
dives jour		*dis* S, *bedis* N	
drakh grappe		*drak* S, *durāk* E	
duj deux	*dúi* N	*di* S, *dedi* ES, BB, *doothee* E	
dza aller	*ja* (impér.) N	*jó* (impér.) N, *jan* E	*jaank* O
dzov orge		*dschön* S, *jow* N, *djaw* BB	
dzuv pou		*dschu* S	
dzuvel femme		*djáry* S, *jär* ES, *giowr* BB	*jivi* O, *djévid* G

---

1) Comp. Journ. of Gypsy Lore III, 158 et suiv., Pischel, Beiträge zur Kenntniss der deutschen Zigeuner, p. 32, extrait de „Festschriften der vier Fakultäten zum zweihundertjährigen Jubiläum der vereinigten Friedrichs-Universität Halle-Wittenberg", 1894.

Miklošich	Égyptien	Syrien	Persan
gadžo non-Tsigane	*chája* N, *gudjo* (homme) GL	*gajei* (paysan) E	
gara cheval	*ghora, aghora* (étalon) N	*ghora, aghora* N, *gorih* S, *uguhra* BB, *goher* ES, *gorvih* E	*agora* O, *ghora* N.G, Sy
gav village	*gao* N, *gaonti* GL		
gono sac		*gonih* S	
gudlo doux		*güldih* S, *güllda* (mel) S	
guruv bœuf	*góru* N	*góru* N, *goru* S, *goorur* BB	
cha manger	*khaba* N	*khám* (impér.) N, *kami kamen* O (1re pers. du prés.) BB, *ami* (id.) ES	
jag feu	*ág, yág* N	*ack* S, *ag* BB, *ag, ág, oug, ár* N, *way, ay* E	*aik* O, *aghi* G
jakh œil	*ankhi* N	*aki* ES, *akkih* S, *akki, án-khi* N, *akinm* (plur.) BB	*aki* O, *rakhi den* (voir) G
jek un	*ek, yek* N, *ek* GL	*ek* N, *ika* ES, *jijuk* S	
kahni poule	*kagniyeh* N		
kalo noir	*káló* N, *kalo* GL	*kálá, káló* N, *kalah* BB	*kala* O
kan oreille		*kenn* S, *kan* ES, *kán, kannir* N	*kian* O
kašt bois		*gashlt* E	*kāshtā* Sy
ker faire		*keki kardun* (*kardur?* qu'as-tu fait) ES	
kham soleil	*kám* N	*gām* BB, *gemm* S, *gáham* N	*gam* O
kher âne	*kháris* N	*karr* S, *kharr, kharri* N	*gherrah* G, *girreh* Sy
kher maison	*kir* N	*kuri, kiri* N, *kiry* E, *kuri* ES, *kurih* (tente) S	*gar* O, *guri* (tente) O
lačo bon	*lacho* GL		
lolo rouge		*lorey, loley* N, *louro* BB, *low* (sang) BB	*lū* (sang) Sy
lon sel	*lón* N	*lony* S, *lón* N, *lona* BB	*nul* O

Miklosich	Égyptien	Syrien	Persan
		(*sona* paraît être une faute), *loonch* (salé) E, *nolony* (salé) S	
bni mauvaise fille ')	*lambŭnih* (fille, Mädchen) N, *lambun* (garçon) N	*lablee*, *lavlee* BB, *lafti* N, *láfti* E, *lautih* S (Mädchen, Tochter)	*lovki* O
ačo poisson	*machchiyeh* N	*machchi* N, *macha* ES, *machau* BB	*metché* O
akhi mouche		*mékih* S	
ang désirer, vou-loir		*keki mungi* (que désirez-vous) ES	
anro pain	*marey* N	*manna* N, *mani* S, *mana* ES, BB, *manaa* E	*menaw*, *menav* O, *meno* G, *manā* Sy
annš homme	*mánsh* (père) N	*manns* BB, *manus* E, *menes* ES, *manissihá* S	*manes* O, *máris* Sy (?)
ar battre		*maros* (tuer) BB, *maross* (avec suff. 3 pers. sing., imparf. *mardhoss*) E	
mas viande	*maas* N	*maszih* S, *mársi* N	*mási* G
asek mois		*mas* N, *maszus* S	
er mourir		*merish* (mort) BB	
indž pudendum muliebre	*minchiá* N		
uj bouche, face		*muh* ES	
urdal mort (adj.)	*múrdal* (ma-lade) N		
uter urine		*muturr* S	
akh nez		*nack* S, *nak* ES, *nakonm* BB	*nak*, *nank* O
anč cinq	*penk*, *peng* N	*peng* ES, N, *pendsch* S, *peni* BB, *pŭnch* (*pŭnj*) E	

1) Comp. Kluge I, 334 *Lupni* das Mädchen.

Miklosich	Égyptien	Syrien	Persan
pani eau	páni N	páni N, pini ES, piny E, péni O, paranah banih (banä) S, bány N. pinu G. (source) S	pinu S
parno blanc	parno GL	pannarey N, braurah BB	paranah O
per ventre (comp. Micklos., VI. 68)	barri N, batu N, bádi, bád (pudendum muliebre) N	pët S	bäth (cuisse O
phen sœur		bháni N	behn O
phral frère	bárdi, beravan N	bhairá N, bahr BB	bor O
pi boire		piám (impér.) N, nepium BB	lepi O
pošom laine		paschümm S	
purano vieux	puro GL		
raklo garçon	rakler (fille) GL		
rat nuit	rátsi N	arát N, arrat S (arrak arát N semble être une faute¹)	
rup argent		orp E, urrb S	örp, ourp O
sap serpent	sámp N	sáinb, sámp N, sob BB, szoppih S	
sov dormir	sobelar N	sovesh (sommeil) BB	
stiari étoile	astra N	astara N, BB	
šastir fer	sista, shir N		
šel cent		szey S	
šelo corde		szabeh S	sehli O
šero tête	sir, shirit N	sir, chir N, ser BB, szerinn S	
šil froid		szy S, siá (adj.) N, su'si (adj.) O (adj.) BB	
štar quatre		stär S, shtär ES, shtar BB, ishtär O ishtlar E, char, shtar N	

1) Comp. pourtant Ascoli, Zigeunerisches, p. 39 sur la permutation de *l* et *k* dans ce mot même

MIKLOSICH.	ÉGYPTIEN	SYRIEN	PERSAN
..to chaud		*tatài* ES. *tolley* N, *tahtac* BB, *latá* (chaleur) S	*tata* O
..rno jeune	*turno*, *turro* (jeune homme) GL, *tho-ranki* (petit) N, *thoraki* (peu) N	*tàrántay*, *thoranki* (petit) N	
..av fil		*dàf* S	
..ulo gros		*ttatta* (grand) E	
kno petit		*tika* ES. *iknootta* E	
in trois		*turrun* N, *turin* ES, *trin* E, *taraun* S, *serun* BB	*teràn* O
..ndo œuf	*wáni* N	*áni* N, *a'na* (plur.) S	*anai* N
..st main	*kustùr* N	*khäs!* ES, *chasst* S. *kustùn*, *kustùr* N, *kustome* BB (*hobsome* est une faute)	*khast* O, *χάς* G

Ce tableau, quoique nécessairement restreint, suffit pourtant à constater que le fond sindien des dialectes tsiganes d'Asie et d'Égypte est identique à celui des dialectes européens[1]), et nous autorise à interpréter le silence des historiens sur une émigration ou déportation de Sindiens qui aurait eu lieu après celle du neuvième siècle comme un témoignage qu'il n'y en a eu aucune. Cela n'exclut pas la possibilité que des familles sindiennes aient trouvé de temps à temps moyen d'entrer dans l'empire musulman, mais ils se sont sans doute confondus avec leurs anciens compatriotes, sans exercer une influence considérable sur leur langue.

1) Comp. Colocci, Gli Zingari, p. 246.

Mais si le fond sindien de la langue des deux grandes branches des Tsiganes est le même, elles se distinguent par les emprunts qu'elles ont faits à d'autres langues. Tous les dialectes européens ont en commun un petit nombre de mots persans, un nombre un peu plus grand de mots arméniens et un nombre considérable de mots grecs. Miklosich [1]) tirait de ce fait à bon droit la conclusion que les Tsiganes sont entrés dans l'empire byzantin par un pays habité par des Arméniens et qu'ils y ont fait un séjour assez long. Les éléments grecs et arméniens manquent dans les dialectes asiatiques. Par contre, on y trouve beaucoup plus de mots persans et encore plus de mots arabes, surtout dans les dialectes occidentaux.

La question la plus importante pour l'histoire du passage des Tsiganes à travers l'Asie, est celle des éléments arabes de leur langue. Dans mon essai de 1875 j'écrivais: »Non seulement tous les dialectes tsiganes de l'Europe occidentale ont en commun des éléments slaves, mais en outre, ensemble avec ceux des pays slaves et turcs, beaucoup de mots grecs. Il s'ensuit incontestablement que tous les Tsiganes ont vécu un certain laps de temps en terre grecque. Mais nous avons à y ajouter une observation de grand intérêt. Il n'est guère surprenant de trouver des mots arabes dans la langue des Tsiganes de la Turquie, puisque le turc est fortement imbibé d'arabe. Mais si on en trouve aussi chez les Tsiganes de l'Europe occidentale qui demeuraient dans les provinces danubiennes, en Hongrie et en Transsylvanie longtemps avant la conquête des Turcs, il n'y a d'autre conclusion possible

---

1) Mundarten, III, 4, VI, 62.

que celle-ci: que les Tsiganes ont demeuré ensemble aussi dans un pays arabe. Ce séjour doit avoir précédé leur arrivée dans l'empire byzantin. Cela est déjà extrêmement probable en soi, mais acquiert une confirmation par le fait que le nombre des mots arabes est beaucoup plus petit que celui des mots grecs. Je n'ai pu qu'examiner très superficiellement la présence de mots arabes dans la langue commune des Tsiganes, mais je crois pouvoir en signaler un certain nombre dont l'origine arabe est absolument hors de doute".

Je m'étais trompé, non pas quant à la thèse, mais bien au sujet de la plupart des exemples. Miklosich, VI, 64, a tâché de démontrer de tous les mots cités, soit qu'ils n'appartiennent pas à la langue des Tsiganes, soit que je les avais mal expliqués. Je dois lui donner cause gagnée pour une partie. Si *alicati* (temps, arabe *al-waqt*) et *car* (chaleur, arabe *harr*) ne sont en usage que chez les Tsiganes espagnols, ils ne prouvent rien, car les Tsiganes peuvent les avoir appris en Espagne. Il est cependant remarquable qu'on ne les trouve pas dans les dictionnaires espagnols et qu'on les cherche en vain dans le glossaire des mots espagnols et portugais dérivés de l'arabe de Dozy et Engelmann; *chor* (*choro*) et *koter* sont, selon Miklosich, des mots arméniens; *kesz* (*kesh*) a pu être emprunté directement au persan; *moshton* (comp. Miklosich, Beiträge, III, 16; Journal of Gypsy Lore II, 310; Sowa 53, 113) est bien sans doute identique à l'arabe *moshtin*, mais il se peut également que l'arabe l'ait emprunté à la langue des Tsiganes. Quant à *cáha* (maison), Miklosich dit que Pott a admis ce mot à tort dans son dictionnaire des mots tsiganes. Si la forme *szahn* (plat) pour *szahro* (*čaro*) est fausse, comme le dit Miklosich, l'identité avec l'arabe *çahn* devient douteuse. Cependant, il est à remarquer que les Tsiganes syriens ont la forme *szahhenika*, qui est sans doute l'arabe *çahn* avec la terminaison tsigane *ika* ou *iha*.

Mais Miklosich n'a pas réussi à éliminer l'arabe *khandaq* (fossé). Dans ses »Mundarten”, III, 25 il avait dérivé le mot tsigane allemand *handákko* du grec χαντάκι, qu'il avait mis en rapport, p. 14, avec le bessarabe *cháing* (source) et l'ancien indien *khani* (mine). Plus loin, VI, 64, il dit que *handako* n'existe que dans le seul dialecte allemand. Il a corrigé tout cela tacitement VII, 61, où il ajoute au mot allemand l'adjectif hongrois *hánduk* (profond) et le substantif sirmien de la même forme (profondeur) et où il admet que le mot grec χάνδαξ (Du Cange) comme le néogrec χαντάκι et le serbe *hendek* dérivent de l'arabe *khandaq*. Ce mot est bien dérivé du verbe persan *khan* (creuser) [1]), mais il est devenu tout spécialement arabe, et Miklosich eût bien fait d'avouer que son attaque contre ma thèse sur ce point avait été malheureuse.

Un mot tsigane emprunté sans doute à l'arabe est le mot *chasar*, perdre, que Miklosich VII, 62 rattache au néogrec χάνω; le verbe n'a cette signification qu'en arabe. Le même verbe, en hébreu, signifie manquer, et le substantif *khosrân* manque. C'est ce dernier mot qui semble être le *chassoren* de l'argot allemand (Kluge I, 296 *b*). Quant au mot *kîsi*, bourse, Miklosich, VII, 84, le dérive de l'arabe *kis*, Ascoli (Miklos., Beitr. IV, 44) de l'hébreu. Je n'ose pas me prononcer. Mais *chomér*, pâte, que Miklosich, VI, 67, VII, 64, dérive de l'arménien, est bien certainement l'arabe

---

1) Comp. Fr. Müller chez Miklos., Beitr. IV, 42.

khamir (levain). Le nom du singe *maïmoun* (a) a été emprunté par les Tsiganes comme par les Turcs et les Persans à l'arabe [1]. Le mot signifie *heureux*, s'emploie aussi par plaisanterie du *penis* et est donné souvent comme nom à un esclave. Les Tsiganes anglais nomment ainsi leur âne. Le mot *brek*, sein, dérive probablement de l'arabe *berka* (Gloss. sur Tabari) [2]. Comme une autre forme arabe du mot est *ferg*, on est en droit de supposer une origine persane, quoiqu'on le cherche en vain dans les dictionnaires.

L'origine arabe du mot *zeiti*, huile, est indubitable. M. Pischel dit, Beitr. 31, de ce mot qu'il est entré dans la langue des Tsiganes comme dans le hindoustani du persan. Je ne dis pas que cela est impossible, mais on pourrait, avec le même droit, admettre que les mots persans *bakht* (bonheur, Miklosich V, 9, VII, 14, Sowa 8, 93), *kêsh, kêz* (soie, Miklos. II, 47*a*, VI, 64, VII, 77, Sowa 42, 108), *mom* (cire, Miklos. VI, 50*b*, VIII, 18, Sowa 113) ont passé dans la langue des Tsiganes par l'arabe où ils étaient entrés déjà anciennement. Sous le règne des Sassanides le persan était devenu la langue dominante de l'Irâq. Depuis la conquête l'arabe y avait fait de grands progrès et au neuvième siècle c'était la langue officielle et littéraire, celle que parlaient les gens bien élevés, tandis que le persan continuait à être parlé par le bas peuple des villes, comme le nabathéen par les paysans, l'un et l'autre fortement impregnés d'arabe. C'est à ce milieu que les Tsiganes empruntèrent des mots arabes et persans, et il est souvent difficile ou

---

1) Un nom analogue du singe est *sa'dâu*, v. Dozy, Supplém. et Musil, *Kusejr 'amra*, p. 40 (Wiener Sitz. Ber. 1902).

2) Comp. Ascoli, Zigeunerisches, p. 135.

même impossible de déterminer à laquelle des deux, de l'arabe ou du persan, l'emprunt direct a été fait. L'arabe *bondoq*, noix aveline, p. e., qui a été formé de *nux pontica*, a passé en persan comme aussi en turc. Les Tsiganes l'ont reçu dans leur langue sous les formes *pendech* etc. (Miklos. VIII. 36 sous *pelenda*, Sowa 60). Comme les Arabes n'ont pas le son *p*, on est tenté de penser dans ce cas au persan comme intermédiaire, mais une forme *pondoq* en persan m'est inconnue. On a bien la forme *fondoq*. Pott a noté dans son Dictionnaire, II, 365, *banduq* dans le sens de *balle*, *fusil*, mais selon M. Sowa ce mot n'appartient à aucun dialecte tsigane.

Un autre exemple est le mot *kághed*, papier, dont M. Pischel dit, Beitr. 40, que les Tsiganes l'ont emprunté »certainement" au persan. On peut assurer avec le même aplomb qu'ils l'ont pris à l'arabe.

C'est ce qu'on pourrait dire également du mot *tremo* (vestibule, portique, Miklos. I, 42, VI, 34*a*, Sowa 80, 126) qui paraît emprunté à l'arabe *tárima*, lequel, à son tour, vient du persan *tírem*. Le mot *katouna*, nom de la tente chez les Tsiganes nomades (Miklos. V, 29, VII, 31) comme le néogrec κατούνα (Meyer, Konversationslexic. sous Zigeuner), doit son origine à l'arabe *qaitoun* qui, à son tour, vient du grec κοιτών et est revenu au grec avec toutes les significations qu'il avait reçues en arabe (aussi *chambre*, *camp*). Miklosich, I, 16, a comparé à tort: »türk. quthûn habitatio". Ce dernier est le nom d'action du verbe arabe *qatana*, demeurer. Même chez les Tsiganes du Soudan le mot *kaiton* a conservé la signification de *tente*, v. Journal of Gypsy Lore, II, 199. Ascoli, Zigeunerisches, p. 9, a voulu à tort dériver *katouna* de l'arabe *qoton* (coton), Paspati du sanscrit.

Le mot *kurko* (dimanche, Mikl. V, 32, VI, 42*b*, 54*a*, VII, 88 et suiv., Sowa 46, 110, comp. J. of Gyps. L. I, 169, 245) existe aussi en arabe (*kurki*, v. mon Gloss. Bibl. Geogr. IV, 339 et suiv.), mais l'un et l'autre doivent leur origine au grec κυριακος [1]).

Il y a trois ou quatre mots dans la langue tsigane que je crois être d'origine arabe sans pouvoir le prouver. Le mot *tcheni* (*tchen*, *dzjeni*, boucle d'oreille, Miklos. VII, 31) me semble être une abréviation de *odhni*, nom relatif de *odhn*, oreille, qui se prononce actuellement en Égypte *widn*, en Syrie *deni* (Landberg, Prov. et Dict. p. 99). Le mot *khev* (trou, fenêtre, Miklos. VII, 62 et suiv.) me paraît venir de l'arabe *kav* (*kavra*) ou *kov* (*kovra*) qui a la même signification. Le verbe *chud* (saisir, prendre, Miklos. VII, 65 avec sa forme prolongée *chutel*, p. 66) est, je crois, dérivé de l'impératif *khud* du verbe arabe *akhadh* qui a le même sens, ou bien est une abréviation de ce verbe. L'aphérèse de l'aleph initial est, comme on sait, très fréquente p. e. *bilis* au lieu de *iblis*, *had* au lieu de *ahad*, etc. comp. Spitta, Gramm. § 3. Enfin le mot *achal* (comprendre, Miklos. VII, 5) semble bien être l'arabe *ʿaqal*, qui a le même sens.

Je crois que ces exemples suffisent à prouver ma thèse que les ancêtres des Tsiganes, du moins la majorité, ont passé un certain temps dans un pays arabe. Et comme nous ne connaissons après la déportation des Zott du temps

---

[1] Ascoli, Zig. p. 43 et suiv. voit dans le mot tsigane *vesh*, forêt, l'arabe *wash*, solitude. Miklosich VIII, 95 propose une autre étymologie.

des Omayades, d'autre émigration de Sindiens en Asie occidentale qu'au commencement du neuvième siècle, il me semble que nous devons en conclure que les ancêtres des Tsiganes furent ceux-là mêmes qui en 834 passèrent par Bagdad[1]. L'argument que M. Pischel oppose à mon hypothèse (Die Heimath der Zigeuner, dans Deutsche Rundschau IX, p. 363), c'est-à-dire que ces ancêtres se sont montrés des hommes vaillants, tandis que les Tsiganes se distinguent par la lâcheté, n'a pas de valeur. Des siècles de persécution incessante ne peuvent qu'avoir une influence funeste sur le caractère des persécutés. Il semble superflu d'en citer des exemples. Cependant, nous apprenons de Hunfalvy (Actes du 8me Congrès des Orientalistes tenu en 1889, Section aryenne p. 101) qu'en 1557 des Tsiganes hongrois au nombre de mille environ, chargés de la défense d'une forteresse, se sont montrés de braves guerriers. Quelques ans plus tôt, en 1545, le roi de France avait le dessein d'enrôler dans son armée quatre mille Tsiganes comme pionniers (Journ. of Gypsy Lore, III, p. 228). Mais en outre, il y a à l'égard de ces Sindiens une observation à faire que je réserve à un chapitre suivant et qui me paraît suffisamment expliquer ce double caractère.

Il y a entre les Tsiganes orientaux et occidentaux encore ce trait de ressemblance que, parmi les chevaliers d'industrie, ils forment une branche spéciale qui s'est maintenue, nonobstant le contact multiple qu'ils ont eu continuellement avec les autres. Les Arabes appellent les mendiants de toute

---

1) M. Bataillard a même cru découvrir un souvenir du séjour à Kaskar dans le nom de Cascarots porté par quelques Tsiganes, comp. Mac Ritchie, The Gypsies of India, p. 224.

espèce les Sâsânîya [1]). Abou Dolaf Mis'ar, bien connu aussi par le récit de ses voyages, a composé, vers le milieu du dixième siècle, un poème dans lequel on trouve beaucoup de renseignements sur toute cette industrie, avec les termes d'argot qu'ils emploient entre eux. C'est un ouvrage dans le genre d'un de ces traités curieux dont nous devons la connaissance au livre de M. Kluge, Rothwelsch, Quellen und Wortschatz der Gaunersprache, I. 1901. Tha'âlibi nous a conservé une grande partie de ce poème dans sa *Yatima*, III, p. 176—194, où beaucoup de ces termes sont expliqués. Il y a dans cet argot plus d'un mot étrange, mais je n'y ai pas rencontré un seul qui appartienne certainement à la langue des Tsiganes, bien que Abou Dolaf mentionne parmi les diverses espèces aussi les Kâboli et les Zott (p. 189). Chez Djaubari aussi les Tsiganes ne sont qu'une branche spéciale des chevaliers d'industrie, précisément comme en Allemagne, ainsi qu'il résulte de presque chaque page du livre de M. Kluge. Là aussi la langue des Tsiganes, le *schmählem* (Kluge p. 248), est tout différente de l'argot qu'on appelle *jenisch* (Kluge p. 251) ou *kokumloschen* (p. 283, composé des mots hébreux *khokem*, sage, et *loschen*, langue). Le mot de *schmählem* semble corrompu d'Ismaëlites, comme ceux de *Gischmol. Geschmeilen, Schwählemer, Schmälemer* (Kluge p. 330, 340, Colocci, p. 44), par lesquels on désigne les Tsiganes en argot. La prothèse du *g* dans *Gischmol* a son analogie en *gschor* au lieu de *tchor* (voleur, Kluge p. 338*b*, 343*b*). Je n'ai pu découvrir le nom spécial que les

____

1) Les Sassanides; v. sur l'origine de ce nom la seconde et la quarante-neuvième *maqâma* de Harîrî avec les commentaires.

Tsiganes européens eux-mêmes donnent à leur langue, n'osant pas attacher d'importance au passage d'Irvine, cité par Pott I, p. 37 »Their dialect they call Roomus"[1]). Je parlerai plus bas du nom oriental de cette langue.

Si, par ce qui précède, l'unité primitive des Tsiganes européens et asiatiques a été prouvée, les paroles de Miklosich, III, p. 4: »Quant à la voie que les Tsiganes ont suivie dans leur marche, il faut distinguer entre les Tsiganes de l'Asie et ceux de l'Europe" n'ont plus de valeur.

VI. La nationalité des Tsiganes.

Les soldats sindiens au service des princes sassanides étaient sans doute en grande majorité des Djat, et de même les colons déportés au temps des Omayades. Déjà alors leur nom, arabisé en Zott, était devenu le nom générique pour tous les hommes d'extraction sindienne qui, avec leurs buffles. étaient domiciliés en Babylonie et aux frontières syriennes, ou qui parcouraient le pays comme saltimbanques et musiciens. Si donc les émigrés du commencement du neuvième siècle qui s'établirent chez les Zott en Kaskar sont nommés Zott par les historiens, on ne doit pas en tirer la conclusion qu'ils appartenaient en réalité aux Djat. Masoudi ne dit absolument rien au sujet de la partie de l'Inde d'où ils venaient. Nous n'avons donc pour déterminer la nationalité des Tsiganes d'autre source que leur langue, c'est-à-dire la comparaison de leur langue avec ce que nous connaissons

---

1) Comp. pourtant Mac Ritchie »The Gypsies of India", p. 103 où la langue est appelée Rom, et p. 107 où nous trouvons le nom Róm'nimus.

des dialectes de l'Inde occidentale, afin de déterminer le degré d'affinité entre cette langue et un ou plusieurs des derniers.

Lorsque, en 1874, j'écrivis mon essai sur la migration des Tsiganes, je croyais que les insurgés de Kaskar étaient principalement des Djat, descendants des colons déportés au temps d'al-Haddjâdj qui, au dire de Belâdhori, appartenaient pour la plus grande partie à cette tribu. Le renseignement de Masoudi relatif à l'émigration des Sindiens vers le commencement du neuvième siècle était encore inconnu. Considérant que, d'après les Indologues, la langue des Tsiganes représente une forme ancienne du prâkrit, et que, d'après les recherches de Trumpp, le dialecte des Djat actuels est non seulement plus pur que les autres dialectes de l'Inde et s'en distingue avantageusement par la richesse de ses formes, mais se trouve être plus voisin de l'ancien prâkrit que les autres, je croyais probable que la langue des Tsiganes était identique à ce dialecte sous sa forme ancienne.

Ce n'est qu'en 1878 que Miklosich développa dans ses Beiträge, IV, p. 45 et suiv., la thèse que la langue des Tsiganes a en commun avec les dialectes du nord-ouest de l'Inde (ceux des Dardes, du Kâferistân, etc.) des particularités caractéristiques par lesquelles ils se distinguent des autres dialectes sindiens. Ce sont 1º que les combinaisons de lettres *st* et *sht* au milieu et à la fin des mots se sont maintenues dans les premiers et ont été changées dans les derniers en *th* et *ṭh*; 2º que *r* précédé d'une consonne est élidé ou transposé dans les derniers, mais s'est conservé dans la langue des Tsiganes comme dans les dialectes du nord-ouest;

3⁰ que les trois sibilantes de l'ancien indien sont devenus des *s* dans les autres dialectes sindiens, mais que ceux du nord-ouest ensemble avec la langue des Tsiganes ont conservé, à côté de l's, un *sh* qui répond aux sons *ś* et *ṣ* de l'ancien indien. Enfin la langue des Tsiganes s'accorde avec ces dialectes du nord-ouest plus qu'avec les autres dialectes sindiens dans certaines terminaisons grammaticales et dans le vocabulaire. La conclusion de Miklosich est résumée en ces termes (p. 53): »Celui qui admet avec nous que le tsigan forme une seule langue avec les dialectes du nord-ouest de l'Inde, du Caucase indien, spécialement avec celui des Dardes, inclinera à chercher la patrie des Tsiganes dans le nord-ouest de l'Inde, en supposant, ça va sans dire, que les Dardes, au temps de l'émigration des Tsiganes, occupassent leur domicile actuel, car il s'agit toujours de la question de la parenté des Tsiganes avec les autres tribus indiennes". Il ajoute: »Quand, par la comparaison du tsigan avec les dialectes indiens du premier groupe (ceux du sud et du centre de l'Inde occidentale), on a obtenu le résultat que le tsigan, par ses formes, représente une phase plus ancienne de la langue que ces dialectes et s'approche plus de l'ancien indien, on est tenté de reculer la séparation des Tsiganes de leurs anciens compatriotes indiens à un passé bien reculé, dans un temps où, par exemple, le groupe *st* n'était pas encore devenu *ht*, *th*. Mais on résistera à cette tentation, quand on constate par l'étude des dialectes dardes que cette modification de son n'a pas atteint toutes les langues indiennes. On admettra, au contraire, qu'il n'y a pas de raison pour conclure que l'émigration a eu lieu à une époque très éloignée, mais a pu avoir lieu dans un temps relativement moderne". Dans ses Beiträge zur Kenntniss der deutschen Zigeuner, p. 44 et suiv., M. Pischel a confirmé la thèse de Miklosich par une comparaison des noms de nombre du tsigan et des langues de l'Hindukoush.

D'un autre côté la langue des Djat, le jatki ou moultani, appelé aussi sindi, nous est maintenant mieux connu par le livre d'O'Brien »Glossary of the Multani language" Lahore, 1881. M. Pischel dit, p. 362, qu'une comparaison du tsigan avec cette langue prouve qu'ils diffèrent essentiellement, sauf seulement que le jatki a conservé partiellement le *r* derrière une autre consonne [1]). Après ce jugement péremptoire d'un homme d'une si haute autorité que M. Pischel, il ne nous reste qu'à nous soumettre. J'ose cependant attirer son attention sur le fait que dans la période de plus de dix siècles écoulés après l'émigration des Tsiganes, la langue des Djat peut avoir subi des changements très considérables, surtout parce que les Djat ont été impliqués dans toutes les grandes révolutions qui ont troublé l'Inde, celles de Mahmoud de Ghazna, de Timour, des Anglais. Le caractère archaïque des dialectes parlés par les tribus montagnardes est dû probablement à la circonstance que celles-ci ont été placées dans de meilleures conditions pour le conserver intact. M. Eggeling a justement remarqué [2]): »Si un mot des dialectes indiens présente actuellement une forme moins primitive qu'en romani (tsigan), il n'est point du tout certain qu'au temps où les Tsiganes quittèrent l'Inde, quelques-uns de ces dialectes n'eussent

---

1) Comp. aussi Burton, cité par Mac Ritchie, The Gypsies of India, p. 81 et Grierson in Journ. of Gypsy Lore I, 74.

2) Journal of Gypsy Lore, II, 188.

pas le mot sous la même forme que le tsigan ou sous une forme encore plus archaïque".

En second lieu — mais je ne fais cette réflexion qu'en hésitant, parce que, malheureusement, il ne m'a pas été possible d'examiner le livre d'O'Brien — si, comme le titre le semble indiquer, le vocabulaire est spécialement celui de Moultân, on n'est pas sûr d'avoir par là un descendant en ligne droite de la langue ancienne des Djat. Car il n'y a peut-être pas de région de l'Inde qui ait été le théatre de plus de combats, de ravages et de déplacements d'habitants que celle de Moultân.

Mais la langue n'est pas le seul criterium. Il y a aussi la manière de vivre, les mœurs et coutumes, et à ces égards il y a une grande différence entre les Djat, pasteurs de buffles et éleveurs de chameaux, et les Tsiganes comme nous les connaissons. Par contre, il y a des tribus sindiennes nomades commes les Sânsi et les Tchangar [1]) qui ont une ressemblance frappante avec ces derniers. M. Pischel, Heimath, p. 363 et suiv., semble disposé a voir dans les Tchangar les véritables parents des Tsiganes. J'ai déjà cité dans le second chapitre l'observation de Trumpp d'après laquelle on rencontre au milieu des Djat agriculteurs et pasteurs des familles errantes qui ont beaucoup de ressemblance avec les Tsiganes. Selon le même auteur, Mitth. der anthropol. Ges. in Wien, II, p. 294 (1872), cité par M. Pischel, ces familles appartiennent à la tribu des Tchangar.

Comme chez les Djat, on trouve en Asie occidentale et en Turquie, à côté des Tsiganes du type connu, des familles

____

1) Comp. Brockhaus, sous Zigeuner.

qui ne sont pas nomades et qui s'occupent d'élevage de bétail et d'autres occupations de gens à domicile fixe, et il est bien remarquable que le nom ancien de Zott ne se soit maintenu en Syrie et dans la province de Basra que pour ces derniers. On a remarqué [1]) que les Tsiganes qui ont un établissement fixe ont une tendance à accepter la langue de leurs voisins et à s'assimiler à eux. Les nomades seuls, quoique empruntant des mots aux milieux où ils vivent, conservent leur langue et leur caractère. Il n'est donc nullement étonnant que, dans la langue des Tsiganes comme elle a survécu pendant des siècles jusqu'à nos jours, le dialecte des derniers ait été prédominant [2]). Cette langue, comme Newbold, p. 307, et Pischel, Beitr. p. 42 et suiv., l'ont constaté, se présente comme étant formée de divers dialectes. Cela s'explique en partie par le fait que déjà les Sindiens déportés sous le règne des Omayades appartenaient à des tribus diverses, et probablement de même les émigrés du commencement du neuvième siècle, mais principalement par le train de ces familles errantes qui les accompagnait. Pour justifier cette dernière assertion nous n'avons, pour le temps ancien, pas de preuve péremptoire, mais les présomptions ne manquent pas. Belâdhori nous raconte que, antérieurement à l'insurrection de Kaskar, les Zott se contentaient de mendier et de faire de petits larcins. Lors de l'entrée des Zott vaincus à Bagdad, ils avaient avec eux leurs mu-

---

1) Pischel, die Heimath, p. 354.

2) C'est de ceux-ci, spécialement des Djapâris, que Paspati a reçu la plupart de ses informations, v. Études sur les Tchinghianes, p. 31 et suiv. Le Dr. Pittard dit aussi dans L'Anthropologie, XIII, 478 que les Zapar sont les Tsiganes les plus purs de l'Asie Mineure. M. Chauvin a eu la bonté d'appeler mon attention sur cet article.

siciens. Ces deux petits traits nous font soupçonner que les Zott pasteurs de buffles avaient avec eux de véritables Tsiganes comme dans leur patrie. Nous verrons dans le chapitre suivant que quelques-uns des noms que les Tsiganes portent en Orient confirment notre hypothèse.

Nous ne trouvons chez les écrivains orientaux que fort peu de renseignements sur les mœurs et coutumes des Tsiganes. Les historiens disent que les Zott qu'on promenait en bateau à travers Bagdad portaient leur costume national, mais nous ne savons pas en quoi il consistait [1]. Selon les passages cités plus haut, certaines étoffes ou vêtements étaient nommés d'après eux *zottiya*, et nous savons par un passage d'Ibn Abd-rabbihi [2] qu'il y avait des Tsiganes tisserands. Nous y lisons aussi qu'on appelait une façon de se raser la tête en forme de croix *zottiya*, c'est-à-dire à la tsigane. Je n'ai pas réussi à découvrir quelque trace de cette mode chez les divers auteurs qui ont décrit les Tsiganes [3]. La description que le P. Anastase donne des Tsiganes dans le *Machriq* de 1902, p. 1032 et suiv. se rapporte autant aux occidentaux qu'aux orientaux. Ce savant relève le goût de tous les Tsiganes pour les couleurs éclatantes et leur talent pour la musique et la danse.

VII. Les noms des Tsiganes en Orient.

Nous avons vu dans le premier chapitre qu'anciennement tous les gens d'origine sindienne, soit sédentaires, soit va-

---

1) Comp. cependant p. 4 note.   2) *'Iqd* III, 444 *infra.*

3) Colocci p. 190 dit des Tsiganes anglais: „si pettinano in un modo speciale", mais il ne le décrit pas.

gabondes, étaient désignés par les auteurs arabes du nom de Zott, qui est la forme arabisée de Djat ou Jat. La seule comparaison du récit de Hamza sur les musiciens indiens introduits en Perse au temps de Bahrâm-Djour avec celui de Firdawsi suffit à le prouver. Actuellement encore les Tsiganes sindiens qui vagabondent jusqu'aux confins de la Perse, du Kurdistân et de la Tatarie s'appellent Djat, se servant du nom de la tribu sédentaire à laquelle ils se sont attachés [1]). Mais en Asie occidentale il semble que ce ne sont que les Tsiganes sédentaires de Damas [2]), de Basra [3]) et d'Omân [4]) qui ont conservé le nom. Il n'y a pas de trace de ce nom chez les Tsiganes européens, si ce n'est dans un passage chez Kluge, Rothwelsch, I, 182, où cependant le mot *Zot* peut avoir une tout autre signification. Car l'espagnol *Gitano* que M. Landberg [5]) et le P. Anastase [6]) dérivent de Djat ou Djattân est certainement une abréviation d'Égyptien.

Le nom Sindi qui signifie originaire du Sind et qui s'emploie souvent dans ce sens général, désigne également les Tsiganes. J'en ai donné des exemples des dixième et onzième siècles. Dans le *Vocabulista in Arabico*, édité par M. Schiaparelli, *sindi* est traduit par *mimus*, et dans la partie latine-arabe *mimus in instrumentis* par *sindi*. De même chez Ibn Batouta, IV, p. 412 de l'édition parisienne, où, au lieu de »à la façon des natifs du Sind", il faut lire »à la façon des Tsiganes". Le nom s'est maintenu chez les Tsiganes

---

1) Newbold, J. R. As. Soc. XVI, 307.
2) Wetzstein in Z. D. M. G. XI, 482.
3) P. Anastase, *Machriq* de 1902, p. 872, 1032.
4) J. R. As. Soc. XXI, 840.
5) Ci-dessus p. 6.
6) *Machriq* p. 932.

bohémiens et allemands [1]) sous les formes de Sinte (Sente) et de Sinde (Sende). La dernière forme est la plus répandue. Pott, I, 33, dit que le *e* à la fin sonne presque comme *i*. M. Pischel ne croit pas qu'il y ait des rapports entre ce nom et le Sind, puisqu'il n'y a pas de proche parenté entre la langue sindi (c'est-à-dire le jatki) et celle des Tsiganes. Mais il ne faut pas prendre le nom de Sind dans son application restreinte, mais dans celle de toute l'Inde occidentale, comme les Arabes l'entendaient. C'est à ceux-ci que les Tsiganes auront emprunté le nom. Ils se disent souvent Romnisinde, c'est-à-dire »gens sindiens" (Pott I, 33). Le mot *mimus* est traduit encore dans le Vocabulista par *dozdoqi*, nom dérivé du persan *dozd*, voleur, et qui est caractéristique pour les Tsiganes, connus par leurs larcins. Ce sont eux probablement qui ont procuré à leurs anciens compatriotes une si mauvaise réputation qu'il y a un proverbe persan [2]) : »Le larcin d'un Hindou n'a rien d'étonnant", qu'on emploie d'un homme vil et malhonnête qui commet une vilaine action. Le mot *hindou* lui-même a reçu en Perse la signification de *voleur*.

Un nom très remarquable des Tsiganes est celui de Kork, employé par Arib, p. 35, l. 5 de mon édition. Les Kork demeuraient près des embouchures de l'Indus et étaient des pirates fameux. Le fait que des Tsiganes musiciens à Bagdad portaient le même nom prouve encore que les familles vagabondes du Sind se considéraient comme appartenant à

---

1) Pott, Z. D. M. G. XXIV, 694, Miklos., Mundarten VIII, 65, Beitr. III, 19, Pischel, Heimath, 360, 374, Avé Lallemant, IV, 174, Sowa 73, 122, Kluge I, 252, 306.

2) Vullers sous *dozdi*.

la tribu au milieu de laquelle elles vivaient, et l'accompagnaient en cas d'émigration ou de déportation. Il n'est pas improbable que les Kork des historiens arabes sont les mêmes que les Gorkha qui résident actuellement en Nepal.

Le nom de Nawar que portent les Tsiganes de la Syrie[1] semble être le même que celui de la tribu sindienne qui habite le Nepal et y dominait jusqu'à l'invasion des Gorkha. Un individu de ces Nawar s'appelle Nouri. J'ai fait remarquer ci-dessus que cette forme peut bien être une forme dialectale de Louri, nom que les Tsiganes avaient en Perse et qui était autrefois en usage aussi en Syrie et en Égypte. Ibn Fadhlillâh, dans son livre encyclopédique *Masâlik al-absâr*, écrit en 1337, les confond avec les Kurdes Lorriya ou Louriya[2], comme l'ont fait d'autres[3]. Les uns et les autres ont reçu le nom d'après celui de la province de Lour ou Lorr (Louristân, Lorristân) qui est située entre la province d'Ispahân et le Khouzistân, mais est censée appartenir au dernier. On peut en trouver dans le Journal R. Geogr. Soc. XVI, 1—105 une description due à Layard, dont Defrémery a donné un aperçu dans ses Mémoires d'hist. orient. I, 127 et suiv.[4]. Il paraît que les formes Lorri et Louri sont employées l'une à côté de l'autre, quoique, si l'on consulte le dictionnaire de Vullers, on soit tenté d'attribuer la première plutôt aux Kurdes, la dernière aux

----

1) Pott, I, 48 et suiv , Z. D. M. G. XXIV, 687. Wetzstein, Markt, dans Z. D. M. G. XI, 482 prononce Nawwar.

2) Notices et Extraits, XII, p. 330 et suiv.

3) Journ. of Gypsy Lore II, 120, III, 177 et suiv.

4) La dérivation du nom de *lohâr, lahâr* (forgeron, Pott, I, 30) n'est pas recommandable.

Tsiganes. Au lieu de Louri, on dit également Louli[1]). Cette forme du nom était aux 16e et 17e siècles en usage en Transoxane[2]) et l'est encore[3]). Le P. Anastase, tout en admettant[4]) que Nouri n'est qu'une autre prononciation de Louri, pense qu'il faut en dériver le verbe arabe *nauwara ʿalá folánin*, »il trompa quelqu'un en lui donnant autre chose qu'il n'avait promis" (v. p. e. *Aghání*, XII, 135, l. 11 a f., 136, l. 9 a f.), qu'al-Azhari dérive du nom d'une enchanteresse appelée Noura. L'auteur du *Tádj al-ʿarous* au contraire croit que le mot *nouri* »filou, larron" vient de ce verbe. Moi, je crois que le verbe *nauwara ʿalá* est bon arabe. Mais le verbe moderne *nauwara* »vivre en bohème" est un dénominatif de ce *nouri*. Le P. Anastase croit encore[5]) que le nom collectif de Nawar a été fait irrégulièrement de Nouri pour éviter que le nom de ces gens fût identique avec celle de la lumière, *nour*. C'est ce qu'on ne saurait admettre. Selon toute probabilité les noms de Nawar et de Nouri ont une origine différente, mais le dernier a supplanté le nom relatif régulier de Nawari qui, peut-être, n'a jamais été en usage, bien que nous le trouvions chez Michaël Sabbâgh[6]) et chez Belot[7]).

---

1) De Gobineau, Z. D. M. G. XI, 689. De même on trouve Lom à côté de Rom, Mac Ritchie, The Gypsies of India, p. 105.

2) Abou 'l-Ghâzi, Hist. d. Mongols, par Desmaisons, p. 258 et suiv., 276, 282.

3) Journ. of Gypsy Lore I, 51. M. Pittard écrit dans l'Anthropologie, XIII. p. 478: „Suivant les auteurs, ce sont les Kara-Louli qui auraient le mieux gardé le type primitif (des Tsiganes du Turkistan). Les Afghans les appelleraient Djâts. Ils porteraient aussi le nom de Beloutchi et de Hindoustani-Louli". M. Sykes dit qu'on les appelle Louli en Kermân, Louri en Baloutchistán, Kaoli, c'est-à-dire Kâbouli, et Gourbati en Perse. Le nom par lequel, selon cet auteur, ils se désignent eux-mêmes, Fioudj, est arabe et signifie „courriers".

4) *Machriq* 869.   5). P. 870.

6) Édit. de Thorbecke 68 l. 20 (comp. 63, l. 15).   7) Ci-dessus p. 8.

Dans les dictionnaires persans le nom de Louri est expliqué par Kawoli ou par Qaratchi. Le premier est une forme dialectale de Kâboli, c'est-à-dire originaire du Kâboul, et paraît indiquer aussi la direction dans laquelle nous avons à chercher la patrie des Tsiganes. Il était déjà en usage au dixième siècle [1]) et l'est encore de nos jours en Perse et dans le pashalik de Bagdad [2]). Selon le P. Anastase, on prononce aussi *kawli, kowali* et même *kouli*. Cette dernière forme se trouve chez Chardin, Voyages, III, 115 (comp. Pott, I, 30).

Quant au nom de Qaratchi ou Qarâtchi, il paraît être dérivé du mot turc *qârâ*, noir, et signifier *noirâtre*. Selon une communication amicale de M. Mac Ritchie, M. Benjamin, le Parsi, est d'opinion qu'on a nommé ainsi les Tsiganes d'après les tentes noires où ils demeurent. On croit ordinairement qu'ils ont reçu le nom à cause de leur teint foncé [3]), comme on les a nommés aussi Zendji (nègre) et Berberi, et comme ils s'appellent eux-mêmes en Allemagne *Kalo* (galo), ce qui dans leur langue veut dire *noir* et *Mustlane* qui a la même signification. De Gobineau [4]) prétend que c'est un nom d'insulte qui signifie *ce qui est corrompu* ou *ce qui amène la corruption*.

Un autre nom des Tsiganes en Perse est celui de Gaobâz [5]) ou Gawbaz [6]), que Newbold traduit par »prenant plaisir aux bœufs", mais qui, à mon avis, signifie *jongleur* [7]). De

---

1) Ci-dessus p. 53: comp. aussi Dorn, Bemerkungen, (1895) p. 82, n. 2.

2) J. R. Asiat. Soc. XVI, 310, Z. D. M. G. XI, 690, Burton, The Jew, the Gypsy and El-Islam, London 1898, p. 218, P. Anastase, *Machriq*, p. 871.

3) Pott I, 27 et suiv., Z. D. M. G. XXIV, 693, 689, Miklos. VII, 71.

4) Z. D. M. G. XI, 689.   5) Newbold, J. R. As. Soc. XVI.

6) Burton l. c. 217 où il y a جوبز au lieu de جوبز.

7) V. Vullers sous کوب .

Gobineau donne le nom comme celui d'une tribu de Tsiganes [1]).

L'origine du nom de Ghadjar [2]) que les Tsiganes portent en Égypte est encore incertaine. Fleischer croyait qu'il a été formé par metathèse de Qaratchi. Cette dérivation me semble insoutenable. Encore davantage celle d'après laquelle le mot viendrait du nom d'Agar, mère d'Ismaël, mentionnée par M. Colocci, p. 44. Selon le *Mohît*, Ghadjar est le nom d'une tribu d'Arabes peu civilisés qui demeurent dans la Houla et dans les régions du Jourdain. Si ce renseignement est exact, il est probable que ce nom leur a été donné par les Tsiganes. Le mot tsigane *gad̆o* et son diminutif *gad̆oro* (Miklosich VII, 53 et suiv.) désignent ceux qui ne suivent pas la vie nomade des Tsiganes, en premier lieu les paysans d'autre nationalité, mais aussi les Tsiganes sédentaires. Il est très curieux qu'on ait appliqué en Égypte ce nom aux Tsiganes eux-mêmes. Mais les Tsiganes égyptiens aiment à se donner pour des Arabes, tout comme les Nawar en Syrie [3]). Ils s'appellent eux-mêmes al-Barâmika, c'est-à-dire: les Barmécides, dont ils prétendent descendre [4]). Le commentateur égyptien des *Maqâmât* de Hamadhâni dit, p. 89, qu'il a entendu employer le terme »o Barmaki!" comme injure par un père qui était mécontent de son fils, exactement comme on employait: »o Zotti!" [5]).

Je vois que Prosper Mérimée a eu sur l'origine du nom de Ghadjar la même idée. Dans une lettre au Comte de Gobineau [6]) il écrit: »Le nom de la nation *Ghadjar* est remarquable. Je crois que c'est le même mot que *Gatche*, les gens".

---

1) Z. D. M. G. XI, 694.　　2) Redhouse prononce *gajir*.
3) Kremer, Aegypten, I, 139, 141.　　4) Lane, Modern Egypt. II, 224, etc.
5) Ci-dessus p. 5.　　6) Revue des deux mondes, 15 Oct., 1902, p. 729.

Le P. Anastase a proposé dans le *Machriq*, p. 868 et
suiv., une tout autre explication. D'après lui la forme primitive du nom est *Cotchar*, mot qui en turc signifie *nomade*
et dérive du verbe persan *koutchiden,* changer de domicile,
se transporter sans cesse d'un lieu à un autre. Ce nom,
qui désigne proprement, dès le 17e siècle, les Turkmens,
les Uzbeks etc., est, d'après lui, identique avec celui de la
dynastie régnant aujourd'hui en Perse, les Qâdjâr. Le P.
Anastase est d'opinion que les Tsiganes sont un mélange
de différentes nationalités, et il lui semble tout naturel
que le nom ait passé des Turkmens etc. aux Tsiganes. Il
mentionne, à côté de Ghadjar, les formes Kotchar et
Katchar, de Qatchar et de Ghatchar, et dit que le nom n'est
pas inconnu en Asie (Turquie orientale et Perse occidentale), mais que c'est spécialement le nom des Tsiganes en
Égypte, Tunis et Alger.

Le nom de Kourbat, Ghourbat que les Tsiganes portent à
Aleppo, en Perse, en Égypte, et de même en Serbie [1]) et
dans la Crimée [2]) est sans doute l'arabe *ghourbat* qui signifie
proprement l'état d'étranger, mais est devenu le nom des
étrangers [3]), tout comme l'arabe *çouhbat* qui signifie proprement compagnie, puis compagnon, ami. Parce que ces étrangers
faisaient des choses étranges comme jongleurs, prestidigita-
teurs et diseurs de bonne aventure, le mot a été appliqué
à leur art, et celui de *ghorabâ* (étrangers) est devenu le
nom des diseurs de bonne aventure, des joueurs de passe-
passe d'origine tsigane [4]). Djaubari dit que Sâsân, d'après

1) Journ. of Gypsy Lore II, 78.   2) Ibid. 75.
3) Comp. Newbold, J. R. As. Soc. XVI, 310 et suiv.
4) Comp. un traité anonyme sur ce sujet, MS. de Leide 119, p. 72 et 86.

lequel tous les chevaliers d'industrie s'appellent fils de Sâsân [1]), leur a enseigné la *ghourbat*, et c'est des *ghorabâ* qu'il dit qu'ils ont des poésies dans le *sîn*, c'est-à-dire dans leur langue spéciale »que nul ne comprend qu'eux et ceux qui les accompagnent". Il est curieux (mais le fait s'explique par ce que nous avons observé sur l'emploi du nom de Ghadjar) que les Tsiganes du Maghrib donnent le nom de Kourbat aux Kabyles [2]).

Quant au nom de Helebi ou Halebi que les Tsiganes égyptiens se donnent, il est très probable que c'est un dérivé du nom de la ville d'Aleppo (Haleb)[3]). Kremer [4]) note aussi les noms de Shahâini et de Tatari. Le dernier nom leur a été donné en Adherbaïdjân [5]), où il a été abrégé en Tât, et aussi en Allemagne[6]). On leur a appliqué simplement le nom d'une nation étrangère. L'autre nom semble être dérivé de *shâhin*, faucon, et appartenir à cette classe de noms tsiganes qui indiquent les métiers qu'ils exercent[7]) et que je passe sous silence. Le nom de Fehemi qui, selon Newbold [8]), s'applique exclusivement aux diseurs de bonne aventure parmi les Helebi, est dérivé de l'arabe *fehm*, intelligence.

Le nom de Djoʿaidîya que, selon le P. Anastase [9]), por-

---

1) Ci-dessus p 53 et comp. Sharîshî II, 394 „Sâsân le chef des mendiants et des *ghorabâ*".

2) Journ. of Gypsy Lore II, 199. Des cas semblables sont mentionnés par Mac Ritchie, The Gypsies of India, p. 106.

3) J. R. Asiat. Soc. XVI, 291.

4) Aegypten I, 143.   5) *Machriq* p. 933, 1032.

6) Z. D. M. G. XXIV, 689, etc.

7) Comp. Mac Ritchie, The Gypsies of India, p. 214.

8) R. As. Soc. XVI, 285.

9) *Machriq*, p. 871, 1032.

tent les Tsiganes en quelques contrées de la Mésopotamie et de la Syrie n'est pas un nom caractéristique, mais convient à tous les saltimbanques etc.; comp. Dozy, Supplém. in v.

Beaucoup de savants, comme Brockhaus, Leland, et aussi Miklosich (VIII, 59), ont cru que les Tsiganes appartiennent proprement à la caste indienne ignoble des Doum ou Doumba, qui sont jongleurs, bâteleurs et joueurs de divers instruments et qui ont le teint brun[1]). Les Tsiganes européens se nomment eux-mêmes Rom et, comme la prononciation du D par lequel le nom de Doum commence se rapproche de celle du R, il a paru probable à ces savants que ce nom en conserve le souvenir. M. Pischel[2]) rejette cette hypothèse parce que, selon lui, les Tsiganes sont des Ariens, tandis que les Doum appartiennent à une autre race. M. Kern me dit qu'il y a encore un autre obstacle à l'identification de Rom avec Doum, c'est que dans le dernier nom la voyelle o (*ou*) est primitive, tandis que dans Rom la voyelle primitive est a (comp. Pott I, 40).

Je n'ose pas me poser en juge dans cette matière. Seulement je me permets de demander: les Doum indiens étaient-ils homogènes, ou bien se composaient-ils des réprouvés de diverses tribus? Berouni paraît être de la dernière opinion. Dans ce cas la supposition ne serait pas hasardée qu'on ait appliqué le nom de Doum aux Tsiganes aussi bien qu'aux vagabonds d'autre race. Je peux aller plus loin et constater qu'on l'a fait. Car — M. Mac Ritchie avait déjà signalé ce fait[3]) — le nom de Doum (Doumân) désigne actuelle-

---

1) Comp. Ibn Khordâdbeh p. 52 de ma traduction, Sachau, Alberuni's India, I, 101 et suiv., Pott I, 42.

2) Heimath, p. 369 et suiv.   3) The Gypsies of India, p. 227.

ment les Tsiganes à Aleppo [1]) et dans le Pashalik de Bagdad [2]). Je ne me sens pas capable de peser la force de l'argument de M. Kern. S'il n'est pas insurmontable, la présence du nom de Doum comme nom de Tsiganes en Orient, tandis qu'il n'y a presque pas de trace de celui de Rom [3]), semble appuyer la thèse de l'identité des deux noms [4]).

Les noms Peshâwân, Oudjouli, Kentchîni s'emploient, d'après De Gobineau [5]), des Tsiganes persans. Je ne sais pas comment les expliquer. Pott affirme que le premier n'est qu'une autre prononciation de Parsewân (Persan), nom que les Afghans appliquent à tous les étrangers. Le troisième nom est mentionné par le P. Anastase [6]) sous la forme de Kentchou. Le dernier savant ajoute le nom Shâhsawan [7]) qui, selon M. Houtum-Schindler [8]), est le nom d'une tribu turque, et le docteur Trithen celui de Sussman [9]), dont l'origine est également incertaine. Le Dr. Mitra [10]) dit qu'en Kaboul les Tsiganes portent le nom de Moultani, c'est-à-dire originaires de Moultan, et c'est une coïncidence curieuse que dans la liste du Parsi M. Benjamin Moltani est traduit par »nation''. Sur le nom de Pósha (ou Bosha) que les Tsiganes ont en

---

1) J. R. As. Soc. XVI, 312.
2) Ibid. p. 302, 303, *Machriq* p. 933.
3) M. Mac Ritchie cite un exemple l. c. p. 102 note 1.
4) Comp. encore Mac Ritchie, l. c. p. 226 et suiv.
5) Z. D. M. G. XI, 690.   6) *Machriq* p. 936, 1032.
7) Ibid. p. 932, 1032.
8) Eastern Persian Irak, p. 48: Shahseven.
9) Z. D. M. G. XI, 691 note. M. Chauvin me signale un passage sur des Tsiganes nommés Sousani aux environs de Hanakin dans un article du Globe (de Genève), 1866, tome V, Mém. p. 271 et suiv. intitulé: Excursion dans le Kourdistan ottoman de Kerkoul à Ravandouz par M. A. Clément. Ce voyage date de 1853—1854.
10) Mac Ritchie, The Gypsies of India, p. 82.

Georgie, en Arménie et en Asie Mineure [1]), je ne trouve rien à dire, mais l'origine indienne me semble discutable, parce que les Tsiganes considèrent le nom comme une insulte.

Il me reste à parler du nom mystérieux que les Tsiganes, du moins ceux de l'Orient, donnent à leur langue. Kremer, Aegypten, I, p. 144, le prononce *sîm*, mais Djaubari, auteur du 13e siècle, écrit plus d'une fois *sîn*. Dans l'édition du Caire de son ouvrage, p. 81, le mot a été corrompu en *sîr*, et tous les autres passages sur cette langue qu'on trouve dans le manuscrit de Leide y manquent. Djaubari dit qu'ils ont aussi des poésies dans cette langue et il en donne un spécimen, malheureusement sans ajouter une traduction. D'où vient ce nom? J'ai consulté là-dessus M. Mac Ritchie, qui, à son tour, a consulté M. J. Sampson. Ce dernier écrit: »Je ne connais le nom *sîn* que comme celui de l'ancêtre mythique des Tsiganes. Voyez Puchmeyer, cité chez Pott I, 32, IV a". Cette communication de Puchmeyer, appuyée de celle que nous devons à M. Pischel (Heimath, p. 372, d'après les »Mittheilungen aus dem Leben eines Richters" Hambourg 1840, II, p. 324) nous donne probablement la clef de l'énigme et nous rapprochera de la solution du problème de l'origine des Tsiganes. M. Pischel, p. 369, 373, la cherche dans le Gilgit où la population dominante est la tribu des *Shîn*. Il dit même que, au grand jour de fête, celui du nouvel an, l'usage d'une autre langue que le *shîn* est formellement interdit. Je ne suis pas à même, avec les données qui sont à ma disposition, de trancher la question de

---

1) J. of Gypsy Lore III, 6, *Machriq*, p. 936, 1032, Miklos. Beitr. IV, 39, Mundarten, VIII, 51, Redhouse in v. ˺Selon M. Papazjan le mot *bosh* signifie *vagabond* en arménien; v. Mitth. des Sem. f. or. Spr. zu Berlin, Jahrg. V, 2, p. 35˹.

savoir s'il y a entre cette fête et celle des chaudrons, le
kakkava, que les Tsiganes de la Rumélie célèbrent, d'autres
analogies que celles de la danse, du chant et des cris
d'allégresse [1]). Mais le fait que ces Shîn s'appellent eux-
mêmes Rom [2]); que les Tsiganes de la Bohème ont conservé
la tradition que leurs ancêtres ont vécu, il y a plusieurs
siècles, dans un grand pays oriental sous un roi nommé
Sin; que la langue *shin* a en quelque sorte un caractère
sacré; tous ces faits combinés avec les résultats linguistiques
qui semblent indiquer le nord-ouest de l'Inde (le Gilgit
comme la patrie des Tsiganes, me semblent au plus haut
degré remarquables. M. Sampson rejette à juste titre une
dérivation du nom des Tsiganes Sindi ou Sinte de ce *sin*.

J'ai cité au premier chapitre un passage de M. Wetzstein
qui nous apprend qu'en Syrie on appelle cette langue des
Tsiganes *lisân al-ʿaçfûra*, langue de moineau. Les Tsiganes
semblent avoir adopté cette expression, car Ely Smith dit
que le mot *ʿaçfûri* dans leur dialecte signifie *langue* [3]). Une
autre comparaison se trouve dans un vers cité par al-Açmaʿi [4]):
»Le langage des Zott, si vous y prêtez l'oreille, est comme
si on entend le bruit de petites sauterelles, sautant dans
les buissons entrelacés de *ʿarfadj*". Car, ajoute-t-il, il y a
une certaine précipitation dans leur façon de parler.

M. Pischel a fait observer dans ses Beiträge, p. 139, que
la prédilection des Tsiganes pour la chair des hérissons

---

1) Comp. Colocci, Gli Zingari, p. 169.
2) Pischel, Heimath, p. 369.
3) Zeitschr. de Höfer I, p. 176.
4) Djâhiz, *Bayân*, I, 18 vers la fin. Il y faut corriger الصرفج en العرفج.
Açmaʿi mourut environ 830, âgé de 90 ans.

semble prouver aussi que nous devons chercher leur patrie dans le nord-ouest de l'Inde. Il est très curieux que les Tsiganes, avec cette prédilection commune à tous, n'aient pas de nom commun pour le hérisson, et que le nom ancien ne se soit conservé chez aucune de leurs fractions. Cette observation nous rendra circonspects et nous défend de conclure, de l'absence d'un mot ancien chez les Tsiganes, qu'ils ignoraient, lors de leur émigration, la chose que ce mot indique. J'hésite donc à conclure avec M. Colocci, p. 240, que l'état moral et intellectuel des Tsiganes d'alors était très peu avancé, du seul fait, qui n'est pas même bien certain, qu'ils n'ont des noms anciens que pour les objets de première nécessité, pour la vie matérielle. La dissertation de M. Pischel, Beiträge, p. 155 et suiv., sur les noms de nombre nous recommande également d'être prudents dans nos conclusions. Il est indubitable que les Tsiganes, en quittant l'Inde, avaient des noms au moins pour les nombres 1—6, 10, 20, 100. Pourtant il y a actuellement des Tsiganes qui les ont oubliés presque tous ou les ont remplacés par d'autres noms.

VIII. Les noms de Tsigane et d'Égyptien.

Le nom le plus répandu des Tsiganes ne se trouve pas en Asie, si ce n'est sous la forme *tchingiane* (tchingân, shingân), qui a été introduite par les Turcs. Quelques-uns, il est vrai, y ont vu une forme de Zîngar, sellier, que les Tsiganes qui professent ce métier portent en Perse [1],

---

[1] Journ. of Gypsy Lore I, 104, Newbold en J. R. As. Soc. XVI, 310.

ou bien de Zinganeh, nom d'une tribu kurde qu'on dit être d'origine tsigane [1]). Moi-même j'ai proposé autrefois de rattacher le nom à *tcheng*, nom persan d'un instrument de musique. Plus d'un savant a cru devoir combiner le nom avec celui des Zendj (Zeng), nègres, et cette opinion semble trouver quelque appui dans le fait que les Orientaux aussi ont appliqué ce nom aux Tsiganes. Le traducteur persan d'Istakhri a traduit quelquefois le Zott du texte par Zengiân [2]). Mais la sifflante par laquelle le nom de Tsigane commence est dure, et pour cette raison Pott déclara la dérivation du nom de celui de Zendj inadmissible [3]).

Tout nous porte à supposer que les Tsiganes n'ont reçu ce nom qu'après leur entrée dans l'empire byzantin. La forme la plus ancienne du nom que nous connaissions et qui s'est maintenue en Grèce est Acingani, et il y a longtemps qu'on a identifié ce nom avec celui des Ἀθιγγάνοι chez les auteurs byzantins [4]). Miklosich a publié dans ses »Mundarten und Wanderungen", VI, p. 58 et suiv., tous les passages où il est question de ces derniers. C'était le nom de certains sectaires, appelés aussi Melchésedekites, qui comme les Juifs célébraient le sabbath, mais ne pratiquaient pas la circoncision, et qui se distinguaient extérieurement par leur horreur de toucher à aucun homme qui n'était pas des leurs, parce qu'ils regardaient tous les autres hommes comme impurs. Leur nom paraît être la

---

1) Newbold, l. c., Z. D. M G. XXIV, 689 *infra*.
2) Comp. Reinaud, Mém. p. 273 n. 3.
3) Zigeuner I, 45 et suiv., Z. D. M. G. XXIV, 690.
4) V. la note de Bekker sur Théophane p. 759 (II, 563 Bonn), Journ. of Gypsy Lore III, 6, n. 3.

traduction de l'arabe *lâ-masâsîya* »les ne-me-touchez-pas",
epithète des Samaritains dosithéens dont une des hérésies
est: τὸ μὴ θιγγάνειν τινὸς διὰ τὸ βδελύττεσθαι πάντα ἄνθρωπον.
Ces Athingani habitaient principalement la Phrygie et la
Lyaconie et ont eu une courte période d'influence à la cour
sous le règne de leur compatriote Michaël II (820—829),
qui était originaire d'Amorium. Mais bientôt après ils ont
été anathématisés par le patriarche Methodios I. Depuis ce
temps on ne rencontre plus la moindre mention faite d'eux [1].

Mais dans un écrit georgien du onzième siècle [2] il est
question de »sorciers et scélérats fameux, dits Atsincan"
que l'empereur Constantin Monomaque (1042—1055) mande
à Constantinople pour détruire les bêtes féroces qui dévoraient
le gibier du parc impérial. L'auteur les nomme »certains
descendants de la race samaritaine, de Simon le magicien",
mais il n'est presque pas douteux que ce ne sont pas les
sectaires de ce nom, mais bien les Tsiganes dont il est
question ici. Cela est indubitablement certain d'un passage
de Balsamon († environ 1204) où les Athinganoi sont
décrits comme charmeurs de serpents, diseurs de bonne
aventure, ventriloques. Il est très probable qu'après l'ana-
thème du neuvième siècle le nom d'Athinganoi est devenu
un sobriquet qu'on a appliqué à ces étrangers d'aspect et
de mœurs singulières dont on évitait le contact. C'est une
nouvelle preuve que l'apparition des Tsiganes dans l'empire
byzantin ne peut pas avoir eu lieu bien longtemps après
la croisade contre les sectaires qui portaient ce nom. Mais

----

1) Comp. Hopf: „Die Einwanderung der Zigeuner in Europa", p. 32 (cité
par Miklos. VI, 61).

2) V. aussi J. of Gypsy Lore, III, 5 et suiv.

Miklosich se trompe manifestement lorsqu'il dit p. 63 :
»D'après ce que j'ai avancé ici, les Tsiganes se trouvaient
à Byzance déjà au commencement du neuvième siècle, donc
un demi-siècle avant que les Džat mirent le pied sur le
territoire de l'empire grec''. Car les Athinganoi du commencement du neuvième siècle sont évidemment les sectaires
»ne-me-touchez-pas'', non pas les Tsiganes. Que les deux
n'aient en commun que le nom seul, le savant auteur est
le premier à le reconnaître (p. 62). Pour expliquer comment
on en est venu à appliquer ce nom aux Tsiganes, Miklosich
laisse le choix entre trois conjectures. La première c'est
que les Tsiganes, s'étant avancés vers Constantinople par
Iconium (Lycaonie) et Amorium (Phrygie), c'est-à-dire par
les lieux où les Athinganoi se trouvaient en plus grand
nombre qu'ailleurs, les Byzantins les auraient appelés Athinganoi, comme les Français les ont appelés Bohémiens parce
qu'ils venaient en France de la Bohème. La seconde est
que les Tsiganes, lors de leur établissement en Lycaonie et
Phrygie, auraient embrassé la religion des habitants de ces
provinces, comme souvent ailleurs ils ont adopté la religion
régnante. La troisième est celle que j'ai adoptée et qui me
semble la seule solution recommandable.

On pourrait ajouter une quatrième conjecture, c'est-à-dire
que les Tsiganes portassent, lors de leur entrée en pays byzantin, un nom indien dont le son avait quelque ressemblance
avec le nom Athinganoi et qui aurait été supplanté par ce
dernier. On nous a proposé entre autres le nom de Sanghar
ou Sauganien [1]) et celui de Çangar ou Tchangar [2]). Mais

____

1) Journ. of Gypsy Lore I, 223 et suiv.
2) Pott I, 46, Miklos. III, 2, Pischel, Heimath, p. 363 et suiv.

outre que la ressemblance de ces noms avec Athinganoi
(Atsingani) n'est pas grande, il y a deux circonstances qui
empêchent d'admettre cette conjecture. L'une c'est qu'on
ne trouve pas le moindre indice que les Tsiganes asiatiques, sauf ceux de l'Inde, aient porté un de ces noms.
L'autre c'est que les Tsiganes ne s'appellent jamais eux-
mêmes de ce nom, ce qu'ils n'eussent pas manqué de faire
s'ils l'eussent apporté de leur patrie, mais que le nom,
certainement dès le neuvième et dizième siècle, en pays
byzantin, était un sobriquet injurieux, comme il l'est encore
aujourd'hui [1]).

Le document georgien du milieu du onzième siècle contient
la preuve la plus ancienne que nous possédions que ce nom
était devenu le nom ordinaire des Tsiganes. La seconde est
celui de Balsamon de la fin du douzième siècle. Le troisième
document en ordre chronologique où il est question de
Tsiganes, est celui du Franciscain Simon Simeonis de l'an
1322, qui parle des Tsiganes de l'île de Crète, mais qui ne
les désigne que par les mots: »vidimus gentem extra civi-
tatem ritu graecorum utentem et de genere Chaym se esse
asserentem" [2]). Mais dans un document de 1386 il est
question d'un »fundum Acinganorum" dans l'île de Corfou.
Il est très probable qu'il y avait déjà des Tsiganes en
Corfou dans la première moitié du quatorzième siècle.

La plus ancienne mention des Tsiganes en Walachie se
trouve dans un document de l'an 1387, où ils sont nommés
Acigani. Suit en ordre chronologique une pièce de 1398
dans laquelle le gouverneur vénitien de la colonie grecque

____

1) Comp. Paspati, p. 19.   2) Miklos., III, 5.

de Nauplion (Péloponèse) confirme les privilèges accordés aux Acingani par ses prédécesseurs. Nous n'avons de la forme abrégée Cingani ou Cigani pas d'exemple antérieur au quinzième siècle. J'insiste sur ce fait parce qu'il enlève tout fondement à la dérivation du nom de Tsigane d'un nom indien, et par contre corrobore la thèse de l'identité de ce nom avec celui des sectaires Athinganoi.

Naguère M. Leo Wiener a proposé une nouvelle étymologie pour le nom de Tsigane dans le »Archiv für das Studium der neueren Sprachen und Litteraturen", IX, p. 280—304. Il fait observer que, parmi les divers métiers exercés par ces gens, celui de forgeron prend la première place. C'est ainsi qu'en Allemagne on les a désignés souvent par les noms de »Kaltschmied" ou »Kessler" (drouineur), en Angleterre par »tinker" ou »tinkler". M. Wiener croit qu'il y a eu un mot τζυκανᾶς signifiant »malleator" et dérivé du mot *čegan*, probablement d'origine tatare, qui en diverses langues slaves signifie »marteau". Trouvant chez Du Cange τζηγαρᾶς (τζυγαρᾶς) au sens de »incantator", mot qui est attesté vers 1200, et qu'il identifie avec le mot supposé de τζυκανᾶς, il en tire la conclusion que ce dernier était devenu le nom des Tsiganes à cause de leur métier de forgeron, puis avait reçu la signification de »diseur de bonne aventure" parce que les Tsiganes exerçaient cet art. La combinaison est ingénieuse, mais me semble manquer de solidité et ne pouvoir être soutenue en face de la dérivation proposée par Miklosich, telle que je l'ai développée dans ce qui précède.

Dans le même article, M. Wiener a tâché de démontrer qu'il y avait des Tsiganes en Allemagne longtemps avant

1417. A l'appui de cette thèse, il cite le passage connu de la paraphrase allemande de la Genèse faite vers 1122[1]), où il est question d'Ismaëlites et de »Kaltschmiede" par lesquels noms sont désignés ordinairement les Tsiganes, et la description de ces gens qu'on y trouve est bien appliquable à ce peuple. Le témoignage de Roger Bacon de l'an 1266, chez qui il est question d'Éthiopiens [2]), charmeurs de serpents, psylles, ne me semble pas concluant. Moins encore celui de 1242 qui contient une description de mendiants qui prétendaient avoir été dévalisés par les Tatares; on les nommait Cartassi (Kartassi) parce qu'ils appelaient Dieu »gartas" et criaient en mendiant »kartas wo". M. Wiener croit découvrir des mots tsiganes dans ce »kartas wo", prenant *wo* pour une abréviation de *bokh* (*bok*) qui signifie »faim" et *kartas* pour *kärdas* (*kerdas*), 3 ps. du parfait de *kar*, faire. Sa traduction est »il fait faim, il y a faim". Mais il faudrait traduire »il a fait faim" [3]), phrase singulière dans la bouche d'un mendiant. Les mots précédents »ils appelaient Dieu »gartas" semble s'opposer aussi à l'explication proposée de »kartas". Mais je dois laisser à d'autres plus compétents que moi de trancher la question posée par M. Wiener.

L'autre nom, celui d'Égyptien, a été introduit en Europe par les Tsiganes eux-mêmes. Ils se disaient venir de »la petite Égypte" ou de l'Égypte mineure", et c'est à cause de cela que beaucoup de gens ont cru qu'ils venaient des

---

1) Comp. Colocci, p. 44.

2) Comp. Mac Ritchie, The Gypsies of India, p. 117, 122 et suiv.

3) D'après M. le Dr. A. Kluyver que j'ai consulté sur ce passage. M Kluyver incline à voir en *kartas* le mot *caritas* qui au moyen-âge signifiait aumône. Cela me semble fort vraisemblable.

bords du Nil, et qu'on leur a même donné le nom de »gens Pharaïca", peuple de Faraon. Cette opinion n'a plus de défenseurs, mais l'origine du nom est encore incertaine. Le professeur A. Hermann écrivit en 1889, dans ses »Ethnologische Mitteilungen aus Ungarn", III, p. 592 : »Un des titres du sultan de Turquie est »roi de l'Égypte grande et petite". La région de la ville actuelle d'Ismid en Asie Mineure est appelée par les Turcs »Küčük-Misir" (la petite Égypte). C'est là qu'était située Nicomédie, ville florissante du temps de Dioclétian. Les Tsiganes auront passé de là en Europe. Il n'est donc pas nécessaire qu'en prétendant qu'ils venaient de la petite Égypte ils pêchassent sciemment contre la vérité". Il y est revenu en 1891 dans le Journal of Gypsy Lore, III, p. 153 et suiv., où il cite un passage d'un journal écrit en 1701 pour prouver que le nom de Küčük-Misir a été donné à la région de Nicomédie (Ismid) à cause de sa fertilité et de son site paradisiaque.

D'un autre côté M. Bataillard a appelé l'attention sur un passage d'une chronique de Strassbourg par Trausch, antérieure à Specklin, qui écrivit vers la fin du seizième siècle, où l'on dit que les Tsiganes qui, en 1418, arrivaient à Strassbourg, venaient d'Epiro (Epirus) qu'on appelle vulgairement »la petite Égypte" [1]). Le savant rédacteur du »Journal of Gypsy Lore", M. Mac Ritchie, se déclara pour la dernière solution, comme aussi M. Pischel, Heimath, p. 357. L'un et l'autre l'ont appuyée par de nouveaux arguments. Nous devons également à M. Mac Ritchie la preuve [2]) que »roi

---

1) Journ. of Gypsy Lore, I, 277 note et 286, III, 154.
2) Ibid. II, 149 et suiv., III, 153 note.

de la grande et de la petite Égypte" figurait réellement
dans le titre du sultan de Turquie, ce qui avait été contesté.

Cette question sort des limites de la présente étude.
Elle n'y rentre que parce qu'elle permet de constater encore
que l'espagnol *gitano* n'est qu'une abréviation d'Égypciano,
et que la conjecture d'après laquelle les Tsiganes se seraient
appelés en Europe encore *Jat* (Jut), que les Européens,
croyant entendre *Gypt*, les auraient pris pour des Égyptiens, et que les Tsiganes se seraient prêtés à cette fiction,
manque de tout fondement.

IX. Récapitulation.

Les résultats des recherches précédentes sont:

1°. La langue des Tsiganes occidentaux et orientaux
remonte au même fond, qui s'est modifié selon les divers
milieux où ils ont vécu et qui s'est enrichi d'emprunts faits
aux peuples avec lesquels ils ont été en contact. Cette unité
de langue nous oblige à placer le départ des Tsiganes de
l'Inde dans une seule période. Miklosich écrivit en 1878 [1]:
» La supposition d'une exode des Tsiganes de l'Inde ou d'un
autre pays peuplé par des hommes de langue indienne, à
deux époques distinctes, séparées peut-être par des milliers
d'années, manque absolument de fondement". L'étude com-
parée de cette langue avec les autres langues indiennes ne
suffit pas à déterminer exactement le temps de leur émigration. En 1873 Miklosich [2] croyait devoir le placer environ l'an 1000 de notre ère. Trois ans plus tard [3], les

---

1) Beiträge IV, 54.   2) Mundarten III, 3.   3) Ibid. VI, 63.

témoignages sur les Athingani, et peut-être aussi la lecture de mon essai sur les Tsiganes, publié en 1875, le déterminèrent à reculer considérablement ce temps.

2⁰. La langue des Tsiganes occidentaux porte en soi les vestiges d'un contact de plusieurs années avec des gens parlant l'arménien, et d'une période beaucoup plus longue de contact avec des hommes de nationalité grecque. Il y a également des traces distinctes de rapports que les Tsiganes ont eus avec des hommes parlant le persan et l'arabe. Je partage l'opinion de Miklosich[1]) qui de l'influence profonde du grec sur la langue des Tsiganes (occidentaux) concluait que ceux-ci ont subi cette influence pendant des siècles. Comme tous les Tsiganes, dans leur passage de l'Inde vers l'Asie occidentale, ont dû passer par un pays persan, il est probable aussi qu'ils ont subi ensemble l'influence du persan. Mais ni la présence de mots arméniens, ni celle de mots arabes dans leur langue ne nous autorise à conclure qu'ils ont demeuré tous ensemble pendant un certain temps dans un pays où l'on parlait l'arménien ou l'arabe. Car de même que les dialectes sindiens des Tsiganes de diverses contrées se sont mélangés, les nouveaux éléments acquis par les uns ont pu passer aux autres dans la longue période pendant laquelle ils ont vécu en pays grec. Du côté de la langue rien ne nous empêche d'admettre que les Tsiganes sont entrés en pays byzantin en partie par l'Arménie, en partie par la Syrie.

3⁰. Les derniers rois sassanides avaient transporté des Sindiens en Perse, spécialement des Djat, qu'ils employaient

---

1) Mundarten, III, 7.

dans leurs armées et qu'ils établissaient dans des colonies. Ils avaient introduit de même de véritables Tsiganes. Les Arabes les rencontrèrent pour la première fois lors de la conquête du Bahraïn, province arabe qui avant l'Islam était au pouvoir des Perses, puis en Irâq. Pour eux le nom de Djat, qu'ils prononçaient Zott, devint le nom général de tous les Sindiens. Donc, si nous trouvons mentionnées plus tard des transportations ou des émigrations de Zott, nous n'avons pas le droit de conclure qu'ils appartenaient réellement à la tribu des Djat, bien qu'il reste vraisemblable que ceux-ci formaient la majorité des Sindiens transportés au temps des Omayades, comme Belâdhori l'atteste. Si la langue commune des Tsiganes diffère en beaucoup de points du jatki actuel, nous n'en sommes pas réduits, pour l'explication de ce fait, à la supposition de grands changements que ce dernier dialecte a pu subir dans les dix siècles écoulés depuis l'émigration des Tsiganes, mais nous sommes en droit de supposer que ces Tsiganes, notamment l'élément nomade qui en faisait partie, appartenaient en majorité à d'autres tribus. Les indianistes nous disent que la langue des Tsiganes ressemble le plus aux dialectes du nord-ouest de l'Inde. Il n'est pas improbable que les noms que portent certaines fractions de Tsiganes, comme p. e. ceux de Nawar, de Kork, de Kâoli, contiennent une réminiscence de leurs divers pays d'origine, comme aussi le nom de leur langue *sîn*.

4°. Outre les déportations de Tsiganes du temps des Sassanides et de celui des Omayades, il n'y a qu'une seule émigration considérable dont l'histoire ait conservé le souvenir, c'est celle du commencement du neuvième siècle. Les Tsiganes qui s'étaient établis dans la région du Bas-Tigre, là où Haddjâdj avait fondé des colonies de Zott, et qui avaient soutenu une opposition armée contre le khalife, furent transportés, après la capitulation, à Khâniqîn, d'où une partie fut de nouveau transportée vers le nord de la Syrie. Nous savons que les Byzantins s'emparèrent de ces derniers et les emmenèrent dans leur pays. Quant aux autres, nous n'en savons rien de positif, mais il est probable qu'ils se sont échappés par l'Adherbaïdjân en Arménie. C'est donc dans la seconde moitié du neuvième siècle que les Tsiganes entrèrent dans l'Asie Mineure. Nous n'avons sur cet événement — qui, du reste, certainement n'a pas eu le caractère d'une invasion, mais plutôt d'une lente infiltration — aucun témoignage direct. M. Bataillard a fait la très juste observation [1]) que les historiens des pays où les Tsiganes étaient le mieux connus dédaignaient autrefois d'en prendre connaissance. La première mention des Tsiganes, comme des gens bien connus, nous a été conservée dans la vie d'un saint georgien vers le milieu du onzième siècle, sous le nom qui leur est resté, Atsinkan. Mais nous avons vu que ce n'est qu'au neuvième siècle qu'il y avait lieu de leur appliquer ce sobriquet qui désignait auparavant une secte hétérodoxe, anathématisée un peu avant le milieu de ce siècle.

5°. Il n'est pas possible de préciser la formation des bandes de Tsiganes en Syrie et autres pays de l'Asie occidentale. Il n'y a d'assuré que le fait que le fond de leur langue est le même que celui des Tsiganes des pays grecs dont tous les Tsiganes de l'Europe descendent. Mais comme ils n'ont pas en commun avec ceux-ci les éléments de langue

---

1) Journ. of Gypsy Lore I, 198.

arméniens et grecs, nous pouvons en conclure que leur destinée s'est séparée de celle des Tsiganes grecs depuis que ceux-ci sont entrés dans l'Arménie et l'Asie Mineure. Des bandes de Tsiganes syriens peuvent avoir grossi le nombre des Tsiganes grecs, mais non inversement. Il ne semble pas improbable que ce n'était que le noyau des émigrés du neuvième siècle qui s'est établi en Irâq : une partie sera restée en Perse, une autre partie aura continué sa route vers l'Ouest. Il y avait en Perse des Tsiganes de vieille date, et en Syrie depuis les déportations du temps des Omayades, et il n'est nullement hasardé de supposer que tous étaient en communication entre eux. Il se peut également que, durant le siége des Tsiganes du Kaskar et après la capitulation, plusieurs bandes, spécialement de Tsiganes nomades, se soient sauvés vers la Mesopotamie et la Syrie. Tout cela ne sont que des conjectures, mais je ne crois pas qu'il nous sera jamais possible d'obtenir des résultats positifs, car les historiens arabes, comme leurs frères de l'Occident, gardent sur ces gens un silence presque absolu, comme n'étant pas dignes de l'intérêt des hommes sérieux.

A P P E N D I C E.

Les Sayâbidja.

Un recueil de mémoires présenté en 1894 à feu le Professeur Veth, à l'occasion de son quatre-vingtième anniversaire contient un article de ma main en hollandais, dont voici le contenu.

En l'an 17 de l'hégire (638 de notre ère) les Oswâris, cavaliers au service du roi persan, mais non pas d'origine persane, conclurent un traité avec le général musulman, bientot confirmé par le khalife Omar, par lequel ils s'engagèrent à embrasser l'Islam et à entrer au service des conquérants, à la condition qu'ils recevraient la solde des soldats les mieux payés, qu'ils seraient libres de s'associer à la tribu arabe qu'ils préféraient, et qu'ils n'auraient à servir que contre les non-Arabes (Tabari, I, 2562 et suiv.). Leur exemple fut suivi par les Zott et les Sayâbidja qui étaient établis dans les ports de mer du golfe persan et en Irâq (Belâdhori, p. 373—375), et tous ensemble ils s'associèrent à la tribu arabe de Tamîm.

L'origine des Sayâbidja est encore obscure. L'opinion
que Wright a émise dans une note sur Mobarrad p. 41
n'est pas acceptable. Dans le passage de Belâdhori qu'il
cite, p. 194, il est question d'un tout autre peuple, sur
lequel on peut consulter, outre les sources que j'ai citées
dans la note *f*, Ibn al-Fakîh p. 288, 291 et Ibn Khordâdbeh, p. 260, l. 1. Sprenger dit, dans sa »Alte Geo-
graphie Arabiens", p. 120: »Sur les Sabâbiga Vullers
nous renseigne dans son lexique sous schaba". J'ai cherché
en vain chez Vullers. Plus tard, dans une longue lettre
— j'en ai donné un extrait dans le présent Mémoire,
ci-dessus p. 13 et suiv. —, il conjectura que le nom
serait une déformation de *siyâh-poush* qui signifie proprement celui qui porte un vêtement noir, mais désigne
ordinairement le geôlier. En effet, la garde des prisons
était souvent confiée aux Sayâbidja. Mais c'est le seul
argument qu'on puisse faire valoir en faveur de cette
conjecture. Feu le Professeur Fr. Müller de Vienne me
proposa par lettre de lire le nom Sijânidja et de considérer
cette forme comme le pluriel de sainadj, ind. sainǵǵha, forme
prakrite de saindh-ya, c'est-à-dire sindien; une autre forme
de sainag serait singadu = tsigane, de sorte que ce nom
lui aussi aurait une origine indienne. Quoiqu'elle soit ingénieuse, cette hypothèse ne saurait être admise, car nous
avons de la forme Sayâbidja des témoignages réellement
inébranlables, de sorte qu'une telle corruption n'est pas
admissible. L'éditeur du dictionnaire *Tâdj al-arous* proposa
dans la première édition, en marge de l'article s-b-dj, de
rattacher le nom au persan *shabâneh* au sens de *garde de
nuit*. Cette dérivation a été adoptée à tort dans une note

sur Tabari III, 460. On ne la retrouve pas dans la seconde édition du *Tâdj*.

Je risque une tentative modeste pour expliquer le nom dont je dois avant tout fixer la forme exacte. On trouve, dans les lexiques *Lisân al-arab*, *Tâdj al-arous* et autres, Sabâbidja avec le singulier Sâbidjî. Cette forme est, sans aucun doute, fautive. Les meilleures sources (Mobarrad p. 41 l. 3, p. 82 l. 17, Djawâlîqi, p. 82, Belâdhori *passim*, les meilleurs manuscrits de Djauhari, Sibawaïh II, p. 209, l. 5 et suiv.) ont Sayâbidja avec le singulier Sêbadjî, comme les Iracains prononcent pour Sâbidjî. On cite le vers d'un poète tamîmite, nommé Himyân ibn Qohâfa: »Si l'éléphant rencontrait un Sâbidj, il lui briserait le cou et les jambes". Selon l'auteur du *Lisân*, la forme *Sâbidj* dans ce vers est une licence poétique pour *Sâbadj*, à cause de la rime. Or, cette forme rend un pluriel *Sabâbidja* impossible, et nous pourrait même faire soupçonner que le nom relatif Sêbadji n'a pas été en usage, mais a été supposé par les grammairiens. Ce soupçon trouve un appui dans le vers d'un poème fait environ 59 de l'hégire (677—678 de notre ère) par Yazîd ibn al-Mofarragh al-Himyari (Ibn Qotaïba, *Kitâb as-schoara*, p. 212): »Et des barbares farouches des Sayâbidj qui me mettent les fers au matin". Car le singulier de ce Sayâbidj est Sêbadj.

On voit par ce vers d'Ibn al-Mofarragh que les Sayâbidja faisaient service de geôliers, ce que les dictionnaires racontent de même. On les employait aussi comme policiens. En 36 (656 de notre ère) la garde du trésor à Basra leur avait été confiée, et l'armée des Koufiens qui venait secourir Ali comptait aussi un corps de Zott et de Sayâbidja (Belâdhori p. 376, Masoudi IV, p. 307, Tabari I, 3125, 3134, 3181). Mais c'était surtout dans la marine qu'ils servaient. En 160 de l'hégire (775—776 de notre ère) ils prirent encore part à une grande expédition maritime contre Bharotch, l'ancienne Barygaza, près de l'embouchure de la Narbada en Inde (Tab. III, p. 460 et suiv.). Les capitaines de navire les prenaient à leur service pour défendre leurs batiments contre les pirates. Les Sassanides les avaient employés dans le même but. C'est ce qui explique qu'ils étaient établis dans les ports de mer de l'Irâq et de l'Arabie orientale. Il n'est pas impossible que leurs descendants se soient maintenus sur les côtes du Bahraïn. Car Chesney écrit dans son »Expedition for the survey of the rivers Euphrates and Tigris", I, p. 646: »The inhabitants of this coast consider themselves superior to the other people of the country even to the Bedawins, from whom they differ by having a taller and more athletic frame, with a darker complexion".

A quelle nationalité ces gens appartiennent-ils? Les auteurs arabes disent »aux Sindiens", mais ce terme comprend, comme on sait, non seulement la population des pays situés sur l'Indus, mais aussi celle de l'Hindostan entier et de l'archipel indien. Dans l'Inde propre on ne trouve pas trace d'un peuple ou d'un pays nommé Sâbadj ou Sêbadj. Il me semble probable, à moi, que Sâbadj est identique à Zâbadj (Zâbedj), le nom bien connu de Java ou de Sumatra (voyez Van der Lith, Merveilles de l'Inde, p. 231 et suiv., 238 et suiv.), de sorte que nous reconnaissons en eux des Malais. On sait que ceux-ci ont été toujours des navigateurs habiles. J'ai eu cette idée depuis longtemps, mais je n'ai pas eu le courage de l'exprimer qu'après que mon collègue et ami M. Kern m'a dit que la lettre que les Arabes rendent tantôt par *z* (en Zâbedj), tantôt par *dj* (en Djâwa ou Djâba) — comp. aussi Reinaud, Mémoire sur l'Inde, p. 43 et suiv. — peut être *s* dans le tamil et que les Javanais sont appelés en tamil *Sawagar* (singulier *Sawagan*) et leur langue *sawaça*. Si l'on veut admettre que les Persans ont emprunté le nom à un peuple parlant le tamil, nous avons partie gagnée. Plus tard, les Arabes ont appris le nom par un autre centre comme Zâbadj ou Djâwa, sans l'identifier avec le nom des Sâbadj, devenus étrangers à leur patrie depuis longtemps, qu'ils avaient reçu des Persans. Le fait n'est pas sans analogie. On sait que les Persans remplacent la sifflante par laquelle commence le nom de Sind, par un *h*. Les Arabes avaient appris d'eux à nommer l'Inde Hind. Puis, lorsqu'ils venaient eux-mêmes en Inde, ils apprirent la bonne prononciation de Sind, sans toutefois identifier les deux formes. Au contraire, ils croyaient que le Hind devait être plus éloigné, et pour eux Sind devenait le nom de l'Inde occidentale, Hind celui de l'Inde orientale.

S'il nous étajt permis de voir dans le vers de Himyân une réminiscence de la patrie des Sâbadj — mais nous ne connaissons pas le contexte du vers — l'éléphant qui y figure nous ferait penser à Sumatra.

On sait que, déjà au temps des Sassanides, un commerce actif existait entre les ports du golfe persan et les îles indiennes; comp. Reinaud, Mémoire sur l'Inde, p. 180. Belâdhori, p. 375, dit que les Sayâbidja, les Zott et autres Sindiens étaient entrés au service militaire des Perses en partie comme prisonniers de guerre, en partie comme volontaires. Il nous est impossible de décider à laquelle des deux catégories les Sâbadj appartenaient. Il me semble pourtant probable qu'ils ont été recrutés comme marins et matelots, avec l'approbation du Maharadja, alors puissant, des îles de Sunde, pour la protection des navires marchands et pour la police dans les ports de mer.

MÉMOIRES

D'HISTOIRE ET DE GÉOGRAPHIE ORIENTALES

PAR

M. J. DE GOEJE.

No. 1. Mémoire sur les Carmathes du Bahraïn
et les Fatimides.

Prix **fl. 3.50.**

No. 2. Mémoire sur la Conquête de la Syrie.

Prix **fl. 2.40.**

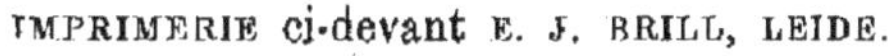

www.ingramcontent.com/pod-product-compliance
Lightning Source LLC
LaVergne TN
LVHW012206170726
843503LV00005B/1904